正则格致

"文化润校"工程组委会

主　任：　林　枫　丁　钢
副主任：　王桂龙　李大洪　张永刚
成　员：　朱洪春　蒋　洁　唐红雨
　　　　　吴建强　戴　宁　魏胜宏
　　　　　孙红梅　周文华　夏川生

《文化润校：特色文化靓校园》
编　委　会

主　编：　丁　钢　张永刚
编　委：　（以姓氏拼音排序）
　　　　　曹学军　戴　宁　刘　曦　罗春燕　马　军　盛　洁
　　　　　孙　冰　唐红雨　王　治　徐　凯　张永刚　朱春瑜

江苏省「十四五」高等教育科学研究规划课题重大攻关项目（ZDGG08）

江苏省2021年高等教育教改研究项目（2021JSJG610）

文化润校

特色文化靓校园

主编 丁 钢 张永刚

江苏大学出版社
JIANGSU UNIVERSITY PRESS

镇江

图书在版编目(CIP)数据

文化润校：特色文化靓校园 / 丁钢，张永刚主编
. — 镇江：江苏大学出版社，2021.8
 ISBN 978-7-5684-1667-2

Ⅰ. ①文… Ⅱ. ①丁… ②张… Ⅲ. ①高等学校－校
园文化－建设－研究－中国 Ⅳ. ①G647

中国版本图书馆 CIP 数据核字(2021)第 177963 号

文化润校：特色文化靓校园
Wenhua Run Xiao：Tese Wenhua Liang Xiaoyuan

主　　编/丁　钢　张永刚
责任编辑/李经晶
出版发行/江苏大学出版社
地　　址/江苏省镇江市梦溪园巷 30 号(邮编：212003)
电　　话/0511-84446464(传真)
网　　址/http：//press. ujs. edu. cn
排　　版/镇江市江东印刷有限责任公司
印　　刷/广东虎彩云印刷有限公司
开　　本/718 mm×1 000 mm　1/16
印　　张/7.25
字　　数/130 千字
版　　次/2021 年 8 月第 1 版
印　　次/2021 年 8 月第 1 次印刷
书　　号/ISBN 978-7-5684-1667-2
定　　价/44.00 元

如有印装质量问题请与本社营销部联系(电话：0511-84440882)

让"文化润校"铸就百年名校的文化自信

（丛书序）

　　"求木之长者，必固其根本；欲流之远者，必浚其泉源"，要想让树木长得高大，一定要稳固它的根基；要想使河水流得长远，一定要疏通它的源头。文化不仅是一个国家、一个民族的灵魂，也以同样的价值存在于大学校园中，是大学赖以维系和传承的风骨和血脉。大学校园是做大学问的地方，千百年来，我们的圣哲先贤要求做大学问的人恪守"大学之道，在明明德，在亲民，在止于至善"的千古名训，在一代代的文化传承中，共同铸就中华民族灿烂辉煌的文明。

　　镇江高等专科学校是坐落于国家历史文化名城江苏镇江的一所综合性普通高校，是教育部人才培养工作水平评估优秀学校、江苏省新一轮高职院校人才培养工作评估优秀学校，办学渊源可以追溯到我国职业教育先行者、著名国画大师、教育家吕凤子先生于1912年创办的正则女校，距今已有百余年办学历史，在长期的发展过程中，不断凝练形成了"崇爱尚美"的校园文化。

　　作为中国现代职业教育的重要发轫者和先驱，吕凤子先生极具传奇色彩和人文艺术魅力，先生不仅三办正则学校，还担任过国立艺专校长，培养了一批著名的艺术家，被誉为"培养大师的大师"。先生在办学育人过程中，始终倡导"爱无涯、美无极"的教育理念，认为"爱与美"要落实到教育管理各环节，强调"爱己爱异""尊异成异"，致力于"爱育兼美育"的实施，促进学生"谐和"发展，夯实了"崇爱尚美"文化育人思想的理论基石。

历经百年传承，"崇爱尚美"的校园文化先后经历了三个时期，即探索积淀期（1912—1982年），是"爱与美"教育思想的积淀、探索和萌芽阶段；融合形成期（1983—2007年），是"崇爱尚美"文化体系的形成及与现代职教精神的融合发展阶段；提升实践期（2008—2020年），是"崇爱尚美"文化育人思想实践及影响力提升的阶段。由最初的"爱与美"到"崇爱尚美"，深刻诠释了学校对吕凤子先生"唯生无尽兮爱无涯"的"爱育兼美育"的职业教育文化育人实践。

进入新时期以来，学校高度重视校园文化建设，将吕凤子先生"艺术制作止于美，人生制作止于善。人生制作即艺术制作，即善即美，异名同指也"的职业教育育人指导思想和"崇爱尚美"的职业教育文化育人实践融入"文化润校"工程，贯穿教学管理的各个环节，形成了全员、全过程、全方位育人的文化育人模式，全校上下兴起了"以文化人、以文育人"的新风尚。学校文化育人特色品牌荣获教育部高校文化建设优秀成果奖。

为了较为全面地展示"文化润校"工程在专业建设、文化育人、文化兴校等方面所取得的实绩，学校成立"文化润校"工程组委会，组织校内行政、教学、教辅等人员精心编写了这套"文化润校"丛书，包括《名篇经典诵校园》《中国精神沐校园》《正则文化浸校园》《专业文化塑校园》《特色文化靓校园》。在编写过程中，由于参编人员众多，水平不尽相同，所以难免存在不尽如人意的地方，可能无法充分反映"文化润校"工程的建设成果，但我们还是要感谢每一位参编者，他们对校园文化的热爱让我们深深感怀。感谢每一位为丛书编写、出版付出努力的人，更由衷怀念学校的创始人吕凤子先生。

"潮平两岸阔，风正一帆悬。"1300多年前，唐代诗人王湾路过镇江北固山，写下了著名的《次北固山下》，留下了妇孺皆知的千古佳句。此刻，我们正怀着这样的心境，希望能够以弄潮儿的姿态，在新时代高等教育高质量发展的大潮中，绘就百年名校文化自信的辉煌底色。

林枫 丁钢

2021年8月

前　言

　　文化是一个民族精神力量的体现，是人民的精神家园，也是民族的精神纽带，但它不是一成不变的。马克思主义理论认为，文化处于一个动态的发展过程中，只有进步的、先进的文化才会被历史选择，从而被继承和发展。因此，守正创新是一种文化成熟的表现，在传统中继承，在继承中创新，既守住了基因，也能够与时俱进，在这样一种文化动态发展的过程中，特色文化的产生是必然的。"特色"既是一种文化区别于其他文化的精神属性，也是其自身发展、演变的积极成果。

　　对待文化的正确态度，是要对自身所属的文化有"自知之明"，知晓它的来历与形成过程、所具有的特色和发展趋向，这样才能在多元的文化世界中找到自己的位置。著名社会学家费孝通先生认为，"文化自觉"就是指生活在一定文化历史圈中的人对其文化有自知之明，并对其发展历程和未来有充分的认识。换言之，文化自觉是文化的自我觉醒、自我反省和自我创建。这种文化自觉是对文化地位与作用的深刻认识、对文化发展规律的正确把握、对文化发展历史责任的主动担当。正是基于上述对文化的认识，我们才更需要去了解特色文化，这是某一种文化中具有积极意义的显性成果。知晓了文化特色，就可以管中窥豹，了解该文化的全貌。

　　2017 年 1 月，中共中央办公厅、国务院办公厅印发《关于实施中华优秀传统文化传承发展工程的意见》，提出要"丰富拓展校园文化，推进戏曲、书法、高雅艺术、传统体育等进校园，实施中华经典诵读工程，开设中华文化公开课，抓好传统文化教育成果展示活动"。这是新时期中华优秀传统文化传承发展工程的重要指导性文件，为繁荣校园文化指明了方向。

长期以来，镇江高等专科学校（以下简称"镇江高专"）始终重视校园文化的建设和发展，传承和创新吕凤子先生"爱与美"的教育思想，经过数十年的发展，凝练形成了"崇爱尚美"的校园文化。在此基础上，学校坚持"守正创新"的理念，积极发展特色文化，其中既包括传承吕凤子文化基因的"崇爱尚美"校园文化，也包括经典诵读、书法、美育、体育、劳育等校园文化中最具活力并彰显社会主义核心价值观的各种文化形态，还有镇江新时代女子学堂这样独树一帜的文化形态。这些文化形态已经成为提升镇江高专校园文化内涵和质量的有益补充，形成了镇江高专教育的文化品牌。虽然它们现在可能是不成熟的，但它们的未来一定是光明的和充满无限可能的。

在镇江高专"文化润校"校园文化建设工程中，团队以图书的形式把镇江高专的校园特色文化呈现给大家，希望这些正在成长中的文化树苗能在大家的呵护和培育中充满蓬勃生机、茁壮成长，成为撑起校园文化天空的参天大树。

编　者

2021 年 7 月

目　录

正则学院：创新实践育人新模式

一、学院的发展沿革

镇江高等专科学校正则学院的设立与我国职业教育先行者、著名国画大师、教育家吕凤子先生（1886—1959年）1912年创办的丹阳正则女校有着紧密的联系。学校从传承吕凤子先生"爱与美"的教育思想出发，坚持以学生的发展为中心，形成了"人文素养+职业能力=可持续发展素质"的办学特色。

吕凤子先生是我国职业教育的重要发轫者，也是江苏画派（新金陵画派）的先驱和最重要的缔造者之一。他15岁中秀才，师从著名教育家、美术家、书法家李瑞清。1910年，他在上海创办神州美术院，该美术院被誉为中国最早的现代美术学校之一；1940年，他担任国立艺术专科学校（现中央美术学院）的校长。他以其罗汉画和"凤体"书法取得了一生中艺术的最高成就，培养了如朱德群、吴冠中、李可染、刘开渠、王朝闻等一大批当代中国美术大家，在中国美术史和美术教育史上留下了重要一页，被誉为中国美术界的"百年巨匠"。

（一）正则艺术学院的设立

2016年7月6日，为了纪念吕凤子先生诞辰130周年，镇江高专隆重举行吕凤子先生与"工匠精神"研讨会暨中国正则绣博物馆筹建启动仪式。进行仪式时，时任镇江高专财经商贸学院院长柏林，艺术设计学院院长蒋纯利，电气与信息学院院长唐红雨，现代装备制造学院副书记、副院长张飞霞和丹阳师范学院副院长王敏霞五位，围绕"吕凤子先生与'工匠精神'"主题作了交流和发言；丁钢校长在研讨会上发表了主旨讲话，并对研讨交流作了精彩点评，同时还为"正则艺术学院"和"吕存正则绣大师工作室"揭牌。

丁钢校长为"正则艺术学院"揭牌

丁钢校长为"吕存正则绣大师工作室"揭牌

（二）正则学院的新发展

镇江高专认真贯彻"立德树人"根本任务，坚持以高质量发展和培养高素质复合型技术技能人才为学校的发展目标。根据学校的统一部署，为在创新人才培养过程中更好地发挥正则学院（原正则艺术学院）的育人作用，2020年6月，镇江高专研究并完善了正则学院的建设方案，重点明晰了正则学院的发展定位与作用、组织架构与内涵建设等内容。目前，正则学院与艺术设计学院是合署办公，具有跨学院的产业学院孵化和跨学科的新专业孵化两大工作职能。正则学院面向学校全体学生开放，含卓越学院、国际教育学院、创新创业学院、美育办公室、镇江新时代女子学堂、特色项目班等。

二、组织架构

正则学院与艺术设计学院是同一套领导班子。其人员配备如下：正则学院设置1名专职副院长，下设正则学院办公室，办公室设1名办公室主任和1名教学秘书，负责正则学院工作的日常运行。正则学院下属的卓越学院设副院长1名，由实验实训中心中层干部兼任；国际教育学院设副院长1名，由外事办公室中层干部兼任；创新创业学院设副院长1名，由就业办公室中层干部兼任；美育办公室设副主任2名；镇江新时代女子学堂设班主任1名，负责女子学堂的学生管理、课务安排、校内外实践课程安排等。

三、教学方案

根据2019年国务院印发的《国家职业教育改革实施方案》、教育部等四部门印发的《关于在院校实施"学历证书+若干职业技能等级证书"制度试点方案》、教育部发布的《教育部关于职业院校专业人才培养方案制订与实施工作的指导意见》等文件要求，正则学院围绕学校高质量发展的中心工作，按照"德技并修、工学结合"育人机制的要求，在镇江高专"德智体美劳"五育并举的培养体系基础上，以特色项目为抓手，在特色人才培养、教育教学改革、创新人才培养、人才素养教育等方面开展工作。全面推进实施正则学院创新实践育人项目，使创新实践育人工作科学化、规范化、系统化，扎实推进教育教学改革，促进人才培养模式创新，力争把正则学院建成创新型人才培养基地，成为学校人才培养的特色基地。

（一）运行机制与形式

1. 运行机制

运行经费实行项目化预算，各学院年初做好总预算，正则学院牵头负责各个特色项目的申报信息发布，各学院积极组织相关师生申报，经专家评审确定特色项目，严格过程跟踪和目标管理。立项以后的特色项目实施项目化管理并配套相应经费。机制运行方面，实行项目负责人制并制定相应的实施计划和考核目标，项目负责人原则上是各学院的相关专业负责人。

2. 运行形式

特色项目以独立组班形式开展，组班形式多种多样，可以依托某一个学院，也可以依托多个学院共同选拔学生进行培养。若侧重于技能培养，则采用小班化、工作室制教学；若侧重于素养教育，则采用如镇江新时代女子学堂、创新创业班等独立组班形式并以公选课的方式实施。

机制运行中，鼓励有条件的特色项目班结合校企合作情况，建设"校中厂""厂中校"，开设企业精英班，充分利用校企合作资源培养人才。为鼓励各学院师生积极参加正则学院的特色项目，学校每年度对各学院特色项目的完成情况进行评比，评比结果纳入年终院部考核。

(二) 教学方案的实施

1. 教学内容

正则学院可为学生提供多样化的发展平台，量身定制专门的特色项目培养方案，以满足学生个性化的发展需求。正则学院的特色项目分为职业技能型、职业素养型、学历提升型和项目孵化型，主要目的是培养学生的专业实践能力、分析能力、创新能力和沟通能力。

（1）职业技能型特色项目，如卓越工匠班、学徒制班等，重点培养学生的专业技能，加强其专业技能的学习和训练。在项目中，安排专业教师对学生进行专业指导，加强学生的过程管理和考核。各学院提供学习和训练场所，若项目教学需要硬件设备，则安排在专业实训室；若无须硬件设备，则安排在正则学院专用教室。进入正则学院职业技能型特色项目班的学生可以参照镇江高专的技能竞赛免修要求申请课程免修，根据取得的竞赛成绩并按照有关规定，学生还可获得适当的训练补贴和奖励。进入此类特色项目班的学生，最终需通过竞赛奖项、技能证书来评价其学习、训练成果。

（2）职业素养型特色项目，如创新创业班、镇江新时代女子学堂、美育教育班等，重点对学生进行企业文化、人文素养、职业精神和职业素养的培养。此类特色项目的内容可以纳入公共选修课、素质拓展课的学习内容中，考评合格后学生可获得相应学分。其中，美育教育班的实施可以在原有基础上有计划地增加美育的相关课程，在条件允许的情况下定期面向全校学生开展各类书画展览，组织骨干学生开展一定数量的美育讲座等。为激发学生的学习热情，可以进行优秀学员评比并给予一定的奖励。镇江新时代女子学堂就是通过自愿报名并结合学院推荐组成的特色项目班，旨在通过鉴赏类、实践性、个性化课程的整合，将女大学生培养成内在修养与外在形象协调发展的新时代女性。

（3）学历提升型特色项目，如国际合作班项目，为重点加强与英国、德国、韩国等已有合作协议的国家的合作，开设项目国际班。从相关专业中选拔一批优秀学生进行英语、德语、韩语等语言的强化学习，进行"3+1"等模式的学历提升学习。

（4）项目孵化型特色项目，主要孵化跨学科新专业、产业学院、产教融合实训基地等。

2. 学生的选拔与管理

参加职业技能型特色项目班的学生参照镇江高专卓越工匠班的选拔流程，自愿参加并通过理论考试、面试和专业技能测试后，经学院根据实际情况商讨之后，方可进入卓越工匠班。通常情况下，每个学院会在大一下学期分别选拔5~8名学生进入卓越工匠班学习。培养过程中对学生进行阶段性考核，实行淘汰制。实施过程中，若涉及考证、考级费用等问题，需学生自行解决，学校视情况适当给予补贴。

镇江新时代女子学堂、美育教育班、创新创业班等，可结合公选课发动学生选课、制订实施方案、增加特色内容。

3. 培养模式

企业兼职教师承担一定的项目班人才培养工作，协同镇江高专的产业教授实施"卓越工匠"校企联合培养。

4. 师资培训

在特色项目班中要突出实践创新课程的学习，为此，正则学院牵头承担制订此类课程任课教师外出培训计划工作，每年安排 2～3 位教师外出学习，提高教师队伍的业务水平。

5. 培养目标

挖掘美育教育在思想品德和职业素养培养中的潜力，引导学生增强创新意识，提升创新能力和实践能力。

四、名师介绍

蒋纯利 副教授，毕业于南京师范大学美术学院；江苏省美术家协会会员，江苏省徐悲鸿研究会理事，镇江市设计艺术家协会副主席，镇江中国画院特聘画家；现就职于镇江高专艺术设计学院平面设计教研室，为镇江高专第二届教学名师，主要从事绘画、平面设计等方面的创作、教学和研究；曾在省级以上刊物发表专业论文 15 篇，有多幅作品参与全国、省级、市级展览并获奖，多部作品在《江苏画刊》《美术界》《艺术教育》等刊物上发表。个人主编的教材《立体构成》于 2016 年 7 月由安徽美术出版社出版，绘制的《蒋纯利山水画作品选》于 2002 年 12 月由天津人民美术出版社出版，主编的"十二五"规划教材《色彩构成》于 2014 年 1 月由上海交通大学出版社出版。

蒋纯利

朱鹏举 副教授，毕业于南京师范大学美术学院；现为中国人民政治协商会议镇江市委员会委员，江苏省美术家协会理事，江苏省徐悲鸿研究会常务理事，江苏省美术家协会美术教育委员会委员，江苏省第六届、第七届文学艺术界联合会代表大会代表，镇江市文学艺术界联合会第三届、第四届委员会委员，

朱鹏举

镇江市美术家协会主席，镇江市油画学会主席；在《美术研究》《美术观察》《艺术教育》等刊物发表论文6篇，在《江苏画刊》《美术界》等刊物发表作品数幅。个人画集《江苏省美术家精品集：朱鹏举油画专集》于2005年由南京大学出版社出版；个人作品先后入选江苏省青年美术作品展、华东"六省一市"美术作品展、第四届江苏省体育美术作品展、迎接新世纪江苏油画大展、2001年江苏省油画展、纪念《在延安文艺座谈会上的讲话》发表六十周年江苏省美术书法摄影作品展、庆祝中华人民共和国成立55周年江苏省美术作品展、第六届江苏省体育美术作品展等并获奖。

赵群

赵群　先后毕业于南京师范大学美术学院和南京大学美术研究院，硕士研究生学历，现为镇江高专艺术设计学院副教授、中国美术家协会会员、中国工笔画学会会员；多次参加全国、省级美展并获奖，其中包括"中华文明历史题材美术创作工程""第六届中国体育美展""第五届全国工笔画大展""第二届全国中国画展""迎奥运全国中国画大展""第七届全国工笔画大展""江苏省青年山水画家提名展"等；多部作品和论文发表于《美术研究》《美术向导》《水墨研究》《当代中国画》《江苏画刊》等刊物，其中《美术研究》《当代中国画》《江苏画刊》对其个人作了专版介绍；部分作品被国家博物馆、江苏省美术馆、烟台美术博物馆等多家机构收藏；出版了《赵群工笔画作品选》，参加编著"水墨云梯丛书"等，主编《色彩构成》等系列教材。

五、工作特色

1. 以美化德，创新人才培养模式

正则学院的设立符合我国职业教育改革的思想——通过美育强化德育。吕凤子先生"爱与美"的教育思想正是指美育教育，与"立德树人"的根本任务不谋而合，以美育教育的方式创新人才培养模式，也体现了"德智体美劳"五育并举的人才培养体系。

正则学院依托艺术设计学院，整合其他学院资源开展特色项目人才培养工作，汇聚力量创新人才培养模式，打造学校的特色人才培养基地，如卓越学院、国际教育学院、创新创业学院、美育办公室、镇江新时代女子学堂等。

2. 搭建平台，深化教学模式改革

通过正则学院特色项目，搭建由教师和学生组成的信息技术支持平台，可以为镇江高专教师的信息化教学提供技术支撑。正则学院力求成为学校

教育教学改革的先锋，促进形成特色项目班这类灵活多样的教学形式。这些特色项目班为学生量身制订个性化的人才培养方案，打破原有的课程体系，如搭建"岗位—证书—课程—竞赛"式的新课程体系等；集中强化学生专业技能，采用小班化或者工作室制等模式灵活教学，在教室、实训室、工作室或者合作企业等场所进行教学。

3. 建设一批优秀教学团队，服务人才培养体系

安排实践能力强的教师承担课程的教学、训练、指导任务，设计全链条、模块化的课程内容体系，强化"以学生为中心"的教育模式，构建专业交叉融合的教学团队，有力保障正则学院特色项目的实施。

4. 培养一大批优秀毕业生，服务社会发展

正则学院是镇江高专为培养优秀人才而设立的，一批批学生经过2~3年的学习与拓展训练，将具备较强的人文精神素养、职业理论素养和职业技能素养，可为他们将来的高质量就业奠定基础，也有利于进一步服务区域经济社会发展。

附：正则学院特色项目班一览表

正则学院特色项目班一览表

序号	特色项目班名称	项目简介	所在学院
01	长山凤美琴社（古琴班、诗歌吟诵班）	以镇江高专为传承基地，传承梅庵琴派古琴艺术，培养优秀的古琴传习人才；传习葛毅卿先生的《近体诗曲谱（南调）》吟诵，体悟中华诗歌之美。通过古琴演奏与诗歌吟诵的结合，使古琴雅韵之美与诗歌华章之美交相辉映，使当代年轻人理解古老深奥的古琴音乐，感悟古人"左琴右书"的情怀和治学境界，使大学生亲近、热爱中华优秀传统文化，并成为其积极的传播者。通过各种形式的社团展演活动，展示中华诗乐之美，弘扬民族传统文化，增强民族文化自信	人文与旅游学院
02	眼健康服务与视光技术相融合的现代学徒制视光师班	疫情令许多行业遭受了巨大冲击，尤其是第三产业中的眼镜销售产业，因此需要携手共克艰难，在提升专业、强化管理的同时，通过跨界融合，继续在创新发展的道路上砥砺前行。站在行业前沿的视光师需要在专业技术上不断深入学习，掌握最新的视功能解决方案。此项目不仅要关注青少年，而且要关注老年人，这也是在目前中国大环境下视光行业发展的重要机遇	医药技术学院
03	学前教育卓越工匠班	选拔幼师专业学习能力强或具有专业技能特长的学生进入班级学习，安排专业教师指导教学，强化技能训练，鼓励学生积极参加省级职业院校技能大赛和省级师范生技能大赛并力求获得奖项	丹阳师范学院

序号	特色项目班名称	项目简介	所在学院
04	塑形减肥训练营	对全校体重超重的学生实施综合性的群体干预手段（医务、心理、营养、运动四种），推动学生改变不良生活方式，提高自身的健康意识水平，将健康生活由学生的被动行动转变成主动行为；探索学校体育工作协同管理机制，创新体育课程模式	体育部
05	计算机数据安全卓越工匠班	云计算时代确保数据安全，对企事业单位的生存和发展有着举足轻重的作用。数据资产的损坏、外泄，都会导致企业无可挽回的经济损失和核心竞争力的缺失。本项目瞄准教育部的计算机三级数据库证书（针对编程与数据维护能力）、人社部的软件水平证书，通过对学生进行理论提升与企业项目实践、专业大赛的锤炼，培养一批优秀的 IT 行业数据工程师	电气与信息学院
06	会计卓越工匠班	选拔学习能力强或具有专业技能特长的学生进入班级学习，安排专业教师指导教学，强化技能训练，并使学生通过参加技能比赛提高水平	财经商贸学院
07	Python、C语言高级程序员卓越工匠班	本项目主要培养学生的 C 语言和 Python 语言的编程能力，并结合程序员考试大纲和蓝桥杯、传智杯的试题要求，培养学生运用常用算法解决实际问题的能力。针对新冠肺炎疫情防控对大数据、人工智能技术的需求，提升学生运用 Python 语言解决大数据可视化、人工智能问题的能力。为参加省级职业技能大赛（如大数据分析、软件测试）储备必要的学生选手	电气与信息学院
08	护理卓越师徒创新班	本项目为镇江高专卫生护理学院与江苏省人民医院浦口分院合作培养卓越护理人才的首次探索，项目的实施是在中专护理学生中选取 15~20 名优秀学生组成护理卓越师徒创新班，使学生在取得中专毕业证及护士执业资格证后，再进入江苏省人民医院浦口分院进行两年的驻院师徒结对、工学结合的学习与实践。学生通过接受大量的临床学习、技能实践，以及临床专科理论与技能的培养，将更加深刻地理解护理的基本理论，熟练掌握各项护理操作技能，能将中专四年所学的护理知识融会贯通，成为理论更扎实、技能更熟练、心理更适应、专业更强化、就业更容易的高素质复合型人才	卫生护理学院
09	工业机器人方向卓越工匠班	以赛促训，培养智能制造集成系统应用型人才，安排专业教师系统讲解 PLC 应用、工业机器人应用、视觉应用、设备间通信、MES 系统等知识点。本项目注重对学生工匠精神的培养	现代装备制造学院
10	三维数字化设计与制造方向卓越工匠班	三维数字化设计与制造是《中国制造 2025》中智能制造的关键技术，它能针对复杂曲面的工业产品及零部件进行数字化建模、创新设计与制造。通过本项目的培养可以提升学生的创新能力和动手能力，展示镇江高专数字化设计与制造专业的教育水平	现代装备制造学院

序号	特色项目班名称	项目简介	所在学院
11	雅思考试（A类）培训与职场英语交际能力提升班	在镇江高专本部校区选拔一批英语基础较好、有出国游学和提升学历意愿，且愿意在教师的辅导下坚持投入精力学英语的学生参与本项目。根据雅思考试类别，开设雅思考试听、说、读、写"四位一体"的模块化专项训练，提高学生的英语综合应用能力和职场英语交际能力。学生经过1~2年的系统学习，争取达到雅思成绩5.5分及以上的目标。积极推荐学生参加省级以上英语技能大赛，以获得二等奖以上成绩为目标	基础部
12	在线课程拍摄与制作提升班	该项目选拔数媒/广告/视传专业中学习能力强或具有专业技能特长的学生进入班级学习，安排专业教师指导教学，强化摄影、摄像、后期剪辑等专业技能训练，培养能熟练拍摄并制作视频的人才团队。本项目在为学校、教师提供技术支持的同时，能培养学生的自我创新、规范操作和实际动手的能力，以适应时代发展对教育行业专项技能人才的需求	艺术设计学院
13	镇江新时代女子学堂	镇江新时代女子学堂自开办以来一直秉承学校"崇爱尚美"的文化育人办学特色，通过有针对性地组织系统课程、专题讲座、兴趣小组、社会实践等多种形式，丰富学员的业余生活、拓展学员的学习深度、坚定学员的文化信念、提高学员的审美能力和综合素养，培养内在修养与外在形象协调发展的新时代女性	艺术设计学院
14	吕凤子班	以传承吕凤子先生的人生信念和艺术理念为目标，激励青年学生以吕凤子先生为榜样，真正把"爱无涯、美无极""正则、格致"的文化精神融入日常的学习和生活中。该项目将依照"专题讲座带动、主题活动推进、实践体验拓展"的工作思路，结合美术类学生的特点，弘扬校本文化，选拔各学院优秀学员作为"吕凤子班"的成员，以吕先生为榜样，争做"凤"的传人，成就出彩人生	艺术设计学院
15	"互联网+"镇江市长山文化创意产业研究院	本项目主要专注于服务镇江地区文化产业发展的需要，整合艺术设计学院全体师生的专业特长，共同设计和研发相关的文化创意产品，同时结合每年一度的江苏省暨镇江市文创设计大赛，按照"互联网+发展"的大思路，将区域文化、校本精神与文创产品进行耦合，经过多年的培养，最终形成镇江高专长山文化创意品牌的特色名片，也为镇江高专实现文化育人、文化润校探寻出一条可行的路径	艺术设计学院
16	书法美育特色班	该项目选拔一批对中国传统书法感兴趣的学生进班学习，使学生通过对各种书体书写技法、欣赏路径的两年学习，深入领悟书法之美，进而传承传统书法艺术。本项目以实际行动践行习近平总书记提出的"做好美育工作，弘扬中华美育精神"，提升学生的艺术人文素养，增强文化自信	艺术设计学院

镇江新时代女子学堂：培养新时代优雅女性

一、发展沿革

镇江新时代女子学堂由镇江市妇联和镇江高专联合创办，于2018年3月24日在镇江高专揭牌成立，旨在助力镇江女性综合素养的提升，发力新时代。

镇江新时代女子学堂揭牌仪式

镇江新时代女子学堂在镇江高专发端，源于高专的历史和文化传承。早在100多年前，吕凤子先生在创办丹阳正则女校时就提出了"提高女子的社会地位，把学校作为实施美育主张的实验园地"的主张，而如今，镇江高专"崇爱尚美"的校园文化和以"提升新时代女性综合素养"为目标的镇江市妇联的工作思路高度契合，为此，双方联合创办"镇江新时代女子学堂"，以提升镇江女性的软实力。

镇江新时代女子学堂主要面向镇江高专的在校女大学生。截至2020年6月，女子学堂以学年为周期开设了两期学员班，共招收了87名镇江高专在校女大学生，后期学员班仍在招生中。

首期学员班毕业合影

二、组织架构

镇江新时代女子学堂的工作由镇江高专妇女工作委员会和正则学院共同组织与实施。

女子学堂主任为万碧波、李冬梅，副主任为盛洁、唐红雨，班主任为李文文、唐丹。

三、教学方案

镇江新时代女子学堂于每年 9 月招生，采取自愿报名结合学院推荐的方式组成班级；两学期为一个学习周期，每期招收 50 人左右；利用第二课堂的方式进行授课，主要课程形式分为班级授课和实践活动两大类。该课程包含 16 周必修课（32 课时）、8 次实践活动（32 课时）及 16 周个性课程（32 课时）。

在课程内容上，镇江新时代女子学堂重点开展中华优秀传统文化教育。中华优秀传统文化是中华民族的"根"与"魂"，对于新形势下落实"立德树人"根本任务、引导大学生增强"四个自信"特别是文化自信、培育和践行社会主义核心价值观有着重要的意义。必修课程的内容包括经典阅读、中华传统习俗、中国优秀艺术作品赏析、新时代女性通用技能。同时，开设茶艺、篆刻、古琴、摄影等兴趣小组，让学生初步掌握中国传统技艺。

1. 经典阅读

本课程分两学期开展，通过推荐读物、赏析讲座、诵读展示等形式进行，如结合学校美育工作由教师推荐给学生 10 本经典读物，通过学员业余时间阅读，并结合赏析讲座，使其能更深层地品味经典，进而培养经典读物中蕴含的时代新女性综合素质。

赏析讲座

2. 中华传统习俗

本课程结合中国传统文化节日，充分利用博物馆、文化馆、烈士陵园等教育平台，创新艺术表现形式和新媒体传播模式，通过讲故事、做视频、文化研学等形式使学生了解中华民族深厚的文化底蕴，感受中华传统文化的博大精深。同时，结合绘画、手工劳动等实践活动使学生加深对中国传统节日文化、传统节日习俗的了解。

文化研学

3. 中国优秀艺术作品赏析

本课程主要引导学生赏析中国画、中国书法、中国传统音乐、舞蹈等，使其理解艺术源自生活且与文化、情感密切相融的道理，提高感知美、欣赏美、理解美、表达美和创造美的能力。

书法鉴赏

4. 新时代女性通用技能

本课程主要对礼貌、礼节、仪表、仪态等方面进行教学，旨在提高女大学生的审美能力和自我形象塑造能力，以及在学习、生活、工作中的人际交往能力，为她们踏入社会做好准备。

礼仪课堂

5. 开设茶艺、篆刻、古琴、摄影等兴趣小组

通过文化类个性实践课程，让学生初步掌握中国传统技艺，在满足学员兴趣需求的同时也提供了考证的途径。兴趣小组采用小班化教学，每个小组4~10人，由女子学堂的学生自行选择后根据人数最终确定开设兴趣小组的种类。学习中所需耗材和后期考证费用由学员自行承担，开设过程中灵活安排课时数和教学时间。

茶艺课堂

四、名师介绍

李洁　人文与旅游学院副教授，"梅庵琴派"古琴市级代表性传承人，国家级普通话测试员，历任中学、中师、高专汉语言文学教师。

李　洁（左）

万捷　丹阳师范学院教师，青年男高音歌唱家。江苏省歌剧舞剧院歌剧演员，师从上海大学李建林教授、南京艺术学院谢琨教授。

万　捷

张谦　艺术设计学院副教授，江苏省"青蓝工程"优秀青年教师培养对象、中国摄影家协会会员、江苏省美术家协会会员。

张　谦

王治　艺术设计学院教师，中国美术家协会会员、镇江市青年美术家协会主席、镇江市水彩画学会副主席。

王　治

五、办学特色

镇江新时代女子学堂依托镇江高专的先天资源，拥有较为稳定的师资力量和办学场所。师资力量中，副教授占比 80% 以上，专业涵盖人文、艺术、护理等，个性化课程教师均拥有技能等级证书；授课场所通常是相关学院实训室，其他主要常用场所有古琴室、茶艺室、礼仪室、篆刻室、影棚等。镇江新时代女子学堂目前拥有固定微信公众号，所有课程及实践活动的信息均通过微信推送的形式进行发布和宣传。

镇江新时代女子学堂结合女大学生的特点，将鉴赏类、实践性、个性化课程进行整合，形成中华传统文化认知和女性技能实践两大模块教学内容，将优秀传统文化有目的、有计划地向女子学员推送，增强她们对中华优秀传统文化的认知与认同，并使她们在今后的学习、工作和生活中积极传播和弘扬中华传统文化，在利用其规范自身言行的同时，坚定文化自信。

镇江新时代女子学堂部分实践活动

六、主要奖项、媒体报道、社会效应等

镇江新时代女子学堂在镇江已具备一定的影响力，镇江市人民政府网、今日镇江、金山网、扬子晚报等网站对相关事件进行了报道。"镇江新时代女子学堂"的简介和课程宣传照片在《镇江画报》2019 年第 5 期以专题形式三版面刊登。

2018 年 11 月，女子学堂导师和学员共同参加了由镇江市赛珍珠研究会主办的"纪念赛珍珠获诺贝尔文学奖 80 周年'大地情'诗词朗诵大赛"并取得了佳绩，学员朗诵分别获特等奖、一等奖、二等奖，导师文稿分别获一、二、三等奖。

七、工作展望

党的十九大报告指出："深入挖掘中华优秀传统文化蕴含的思想观念、人文精神、道德规范，结合时代要求继承创新，让中华文化展现出永久魅力和时代风采。"这启示我们：文化自信的确立和价值观的构建要充分挖掘优秀传统文化的时代内涵，同时，我们也要自觉运用中华优秀传统文化中蕴藏的丰富内涵来践行社会主义核心价值观。中华优秀传统文化独一无二的理念、智慧、气度、神韵，无疑增添了中华民族内心深处的文化自信和自豪感。

镇江新时代女子学堂将通过有针对性的、系统性的传统文化课程和专题讲座，挖掘中华优秀传统文化中蕴含的社会主义核心价值观，深入开展女大学生思想政治教育，坚定文化自信、理想信念；继续秉承学校"崇爱尚美"的文化育人办学特色，通过技能训练、兴趣小组、社会实践等形式，丰富学生的业余生活，鼓励学生更多地投身到社会公益活动中；通过中华优秀传统文化教育和美育教育，提升女大学生的综合素养，培养她们成为"德智体美劳"全面发展的新时代女性。

眼视光产业学院：
谱就"政行企校"合作新篇章

为进一步深化校企合作，整合学校与政府、行业、企业、商会的资源优势，践行吕凤子先生的课程文化创新实践理念，镇江高专不断优化眼视光技术专业人才培养方案和指标体系，充分发挥地方高等院校为社会服务的功能。

根据镇江市委、市政府《2018 年镇江市与在镇高校联席会议重点任务分解方案》（镇办发〔2018〕25 号）关于依托丹阳市眼镜产业优势资源探索、实施"政行企校"共建"眼视光产业学院"的指导意见，镇江高专在探索和实施产业学院的建设过程中，坚持服务区域产业发展的办学定位，坚持"产教融合、校企合作、注重实践、强化技能、全面发展"的办学特色，通过引企入校、校企互动、工学交替和订单培养等方式，深化产教融合、校企合作，推动职业教育教学改革。2018 年以来，镇江高专积极联合一流眼视光医院（如北京儿童医院、华厦眼科医院集团等）、眼视光行业领军企业（如万新光学集团、中国眼镜网、禾目视觉健康、北京视觉顶峰、宝岛眼镜、南京吴良材眼镜等）建设眼健康服务人力资源大平台，在人才合作培养项目、科研合作项目上取得了一定的成效，建立了良好的协作基础。

一、建设背景

（一）大健康格局初现与行业发展需求

中国是一个眼视光服务和产品需求大国，随着生活水平的提高，人们对眼健康的重视程度也空前提高，预示着眼健康产业将成为大健康格局下的一个重要产业。当前，眼健康产业立体格局初显，根据最新权威数据，仅国内眼病诊疗市场规模就达到 200 亿元左右，如果将眼部保健、药品和器械，以及眼镜和护眼产品纳入其中，产业规模可达千亿元级别。

我国自开展眼视光教育 20 多年来，培养了大批优秀的眼视光人才，但是这些人才的数量相对于国内对眼视光人才的需求量来说，还是远远不够的。目前，中国的眼镜店约有8万家，理学视光和视光技师岗位约30万个；中国二甲以上医院有近1万家，眼科医学视光岗位约4万个。然而，我国目前拥有的近百所眼视光院校每年培养出来的理学视光和医学视光学生才两三千人。

目前，大部分视光学教育机构的课程设置与海外同类机构的课程设置差别较大，与眼镜行业的实际需求存在巨大的脱节，虽然大部分学校都安排学制内近一半的时间让学生参加社会实践，但因为实践期间对学生缺少必要的辅导，接受实践的单位也不愿意投入过多的精力，所以很多学生在走出校园后才开始进行真正意义上的视光专业实践。

（二）区域经济与全产业链配套需求

眼镜产业是眼视光产业链中的重要环节，镇江丹阳眼镜是中国眼镜行业的标杆。丹阳市地方政府已加快眼镜产业建设进程，突出产业特色亮点，深入挖掘眼镜文化资源优势，注重多方位、多体量融合一体化发展。随着丹阳眼镜小镇项目的启动，丹阳市地方政府围绕眼镜产业转型升级，挖掘眼镜产业的价值、文化内涵与时尚元素，促进运河风光与时尚文化的有机融合、工业遗址与城市新貌的完美融合、产业品牌与城市名片的深度叠加，形成全周期体验、全域化旅游、全方位升级的国际眼镜"双创"基地和城市品质提升的新地标。镇江丹阳市政府正在努力把丹阳眼镜小镇打造成为在江苏省具有竞争力的特色小镇，构建丹阳眼镜产业全产业链，带动眼镜产业发展，整体提升丹阳眼镜产业的竞争力。

在此背景下，争取让地方政府、行业协会共同参与指导，同时结合行业人才培养和区域经济发展的需要，校企联合构建与产业统筹发展格局相配套的眼视光教育人才链，打造眼视光产业链应用型人才培养基地、高管培训基地、技术孵化基地，合力助推镇江眼视光产业的发展。

二、发展沿革

国内著名教育专家联合中国职业教育创新联盟调研镇江高等专科学校眼视光专业，促进"政行企校"大合作平台建设，为镇江高专眼视光专业建设指明新方向（2017年12月）。

镇江高专眼视光专业建设研讨会

丁钢校长率队考察丹阳眼视光产业，探讨产教融合，促进校企合作升级（2018年1月）。

丁钢校长率队考察丹阳眼视光产业

镇江高等专科学校与禾目视觉健康签订合作共建眼视光产业学院暨校内眼健康管理服务中心框架协议（2018年2月）。

镇江高专与禾目视觉健康签订协议

镇江高等专科学校视光商学院实习见习基地授牌仪式（2018 年 2 月）。

视光商学院实习见习基地授牌仪式

眼视光行业领军企业考察镇江高等专科学校理工楼实训基地和校医院眼视光服务中心筹建现场（2018 年 4 月）。

眼视光行业领军企业到镇江高专考察

镇江高等专科学校召开产业学院合作共建研讨会（2018 年 5 月）。

产业学院合作共建研讨会

镇江高等专科学校与北京儿童医院签订校企合作协议，引进高层次师资和建设资源（2018 年 9 月）。

镇江高专与北京儿童医院签订校企合作协议

镇江高等专科学校领导率队考察北京视觉顶峰科技有限公司（2018 年 9 月）。

镇江高专领导考察北京视觉顶峰科技有限公司

镇江高等专科学校校医院眼健康管理服务中心启用（2019 年 3 月）。

镇江高专校医院眼健康管理服务中心

镇江高等专科学校与华厦眼科医院集团签订合作协议，引进高层次师资和建设资源，规划建设华厦眼视光学院（2019 年 5 月）。

镇江高专与华厦眼科医院集团签订合作协议

镇江高等专科学校"眼视光产业学院"揭牌（2019 年 11 月）。

"眼视光产业学院"揭牌

镇江高等专科学校"禾目视觉健康服务示范点"揭牌（2019 年 11 月）。

"禾目视觉健康服务示范点"揭牌

亚洲眼视光执业管理协会会长陈家伟一行莅临镇江高专交流访问，参观禾目视觉健康实训基地。政行企校共同参与丹阳眼镜小镇暨眼视光产业学院的规划与交流，陈家伟致辞，探讨眼视光产业学院创新运作模式，李冬梅副校长介绍镇江高专眼视光产业学院建设规划（2019 年 11 月）。

亚洲眼视光执业管理协会会长陈家伟一行莅临镇江高专交流访问

李冬梅副校长介绍镇江高专眼视光产业学院建设规划

校企正式通过"万新光学班"学生定向培养项目实施方案，并举行校企领导和学生代表、家长代表签约仪式（2019 年 12 月）。

镇江高专首期"万新光学班"学生定向培养项目签约仪式

镇江高等专科学校领导深入产业一线调研社招教育，为社会化合作办学谋新篇（2020 年 5 月）。

镇江高专领导深入产业一线调研社招教育

镇江高等专科学校隆重举行面向社会招生的学员开学典礼（2020 年 7 月）。

镇江高专面向社会学员举行开学典礼

镇江高等专科学校首届面向社会人员招生的眼视光专业大专学历班全面开课，开启送教入企、社会化合作办学的新篇章（2020年9月）。

首届面向社会人员招生的眼视光专业大专学历班全面开课

三、重要意义

（一）探索"政行企校"长效合作机制

镇江高专在探索和实施产业学院的共建过程中，以培养适应区域经济社会发展及产业、行业所需的技术技能人才为主线，深入学习《国务院办公厅关于深化产教融合的若干意见》（国办发〔2017〕95号）、教育部等六部门联合印发的《职业学校校企合作促进办法》（教职成〔2018〕1号）等文件精神，多次组织召开校企合作座谈会和学习研讨会，加强对相关文件的学习和研究，制定详细的工作计划和目标。学校把"校企合作""工学结合"融入人才培养的全过程，以"政行企校"合作为抓手推进教学改革，积极探索共建共享、定向培养、混合所有制等深度合作形式，并结合专业建设规划制定了眼视光专业的校企合作规划。

为构建"政行企校"长效合作机制，学校以"联合共建眼视光产业学院"为试点，修订了一批校企合作相关制度，形成与中国（丹阳）国际眼镜城定期沟通的工作机制，明确各方的责任与权利，为校企工作深度融合提供制度保障。学校明确了长效合作机制的管理机构及职责，校企合作的条件、形式和内容，及其考核标准和奖励措施；制定了《产业学院具体建设实施方案》和《镇江高专眼视光产业学院理事会章程》，为校企合作工作指明了方向；修订了《实训基地管理办法》，鼓励校企共建生产性实训基地。

目前，镇江高专与中国（丹阳）国际眼镜城的 10 余家品牌眼镜店签订了实习实训基地共建协议。由"政行企校"合作共建的校医院眼视光服务中心暨眼视光产业学院校内实训基地已于 2019 年 3 月建成并投入使用，该眼视光服务中心能为全校师生定期开展眼健康管理活动和眼疾初查，并能服务未来镇江大学城的师生。

镇江高专将"政行企校"合作共建产业学院作为首要工程来抓，学校书记、校长亲自联系地、市两级政府，走访行业、企业，上门座谈，并加强与眼视光行业领军企业的联盟，真正落地合作项目。2018 年，学校主要领导亲自参与或指导项目工作小组与丹阳市政府、丹阳市开发区管委会、中国（丹阳）国际眼镜城、丹阳眼镜小镇、北京儿童医院、镇江康复眼科医院、万新光学集团、中国眼镜网、禾目视觉健康、北京视觉顶峰等进行十多次走访、座谈，搭建"政行企校"合作平台，探索"政行企校"长效合作机制。

眼视光产业学院的日常工作由校管理委员会负责，通过日常工作及外部活动逐步完善和推进产业学院的发展。同时，中国眼镜网、禾目视觉健康、北京视觉顶峰等合作企业为镇江高专眼视光产业学院提供全面的建设和管理方案，帮助扩大校企双方合作范围，提高产业学院内部管理效率。

（二）共建产业学院的创新模式

根据《国务院办公厅关于深化产教融合的若干意见》（国办发〔2017〕95 号），国家支持高校和企业联合创办产业学院，其核心是让企业成为办学的重要主体，承担起产业学院的建设责任。校企双主体要保证在多元化投入、专业化办学、企业化管理的运行机制下共同办学，最终让学生受益、教师受益、学校受益、企业受益、行业受益。

特色产业学院是学校创新人才培养的重要载体，是学校建设高水平专业，推进深化改革的重要举措之一，与新型研发机构、行业领军企业、专业园区等共建国际合作的开放式办学方式，实施"政府支持下的学校+大学创新城（新型研发机构）+国内外优质教育资源+园区、专业镇+龙头企业"的合作办学模式，建设集人才培养、技术研发和社会服务于一体的特色产业学院，对于推进学科专业交叉融合，培育新的专业增长点，打造创新型、服务型专业群有着举足轻重的作用。

镇江高等专科学校与中国眼镜网、禾目视觉健康、北京视觉顶峰等眼视光行业骨干企业合力建设产业学院，采用市场化模式共同培养眼视光行业专业人才，是对"政行企校"深度合作、协同创新的积极探索，也是响应党中央国务院决策部署的切实行动。校企合作深化"产教融合"，促进教育链、人才链与产业链、创新链的有效衔接，是当前推进人力资源供给侧结构性改革的迫切要求，对新形势下全面提高眼视光专业教育和服务质量、扩大就业创业、推进经济转型升级、培育经济发展新动能具有重要意义。

中国眼镜网、禾目视觉健康等眼视光行业骨干企业，以及国内一流眼视光医院、著名眼视光科研院校投入重资合作打造的视觉健康平台，是一个集产、学、研为一体的科技创意平台，理念先进，科技含量高，预估未来市场潜力非常大，能为行业和院校的专业学子提供实习、就业和创业平台，是一个眼视光行业智能化服务体系展示平台。各企业聚力打造的视觉健康平台建设理念与镇江高专眼视光产业学院的建设理念是高度一致的，符合眼视光行业发展和民众对眼健康的需求。教育部等八部门于2018年联合印发的《综合防控儿童青少年近视实施方案》明确提出了青少年定期开展视力监测和建立眼健康档案的重要性，增强了眼视光产业学院和眼健康管理平台建设的紧迫性，体现了合作共建各方的社会责任感和担当。

眼视光产业学院的成立，是以创新人才培养机制、加快新工科建设和新工科人才培养、构建校企利益共同体、形成稳定互惠的合作机制、促进"政行企校"紧密连接为目的的；是深化产教融合，促进教育链、人才链与产业链、创新链有效衔接的发展需要；是促进人才培养供给侧和行业产业需求侧结构要素全方位融合的有利举措。

眼视光产业学院的成立是学校开展"政行企校"合作新模式，主动面向区域、面向行业办学，深化人才培养模式改革，提升应用型人才培养质量的充分体现。眼视光产业学院的成立与建设将成为学校深化综合改革的试验田、产教深度融合和校企深度合作的风向标，并将促进学校持续优化专业设置，整合"政行企校"多方资源，改革课程体系，创新培养模式，培养高素质、创新型、国际化、应用型技术人才。

四、名师介绍

董诺 镇江高专眼视光专业教授，美国贝勒医学院博士后，厦门大学附属厦门眼科中心主任医师，镇江康复眼科医院院长，海峡两岸医药卫生交流协会眼科学会秘书、中国中西医结合学会眼科专业委员会眼肿瘤学组委员、中国医疗保健国际交流促进会眼科分会青年委员。董诺教授对常见和难治性眼科疾病有长达16年的临床经验，年门诊量达1万余人，在白内障超声乳化术、角膜移植等方面有丰富的临床经验，迄今主刀眼表、角膜及白内障手术已达8000余台，成功

董 诺

率达99%以上，且远期疗效好。他先后主持和参与国家、省、市级课题

33 项，多次赴美国进行眼表领域的学术交流。在教学方面，董诺教授不仅承担厦门大学医学院、漳州卫生职业学院的授课、临床实习带教工作，而且作为硕士生导师培养了 4 名硕士研究生，并参与培养 4 名博士生、2 名博士后。

潘学龙　镇江高专眼视光专业教授、南京医科大学第四临床医学院客座教授、中国医科大学眼科学系客座教授、中华医学会眼科学分会会员、中国轻工业联合会科学技术奖励评审委员、国家职业技能鉴定高级考评员、"江苏省眼镜协会视光师资格认定专家委员会"特聘专家、江苏省企业首席技师、科技部"国家火炬计划"：2006GH553219 CR-39 技术研发项目技术总负责人、镇江"金山英才"高技能领军人才、丹阳市"潘学龙高技能人才工作室"领衔人，曾获江苏轻工"十大工匠"提名。

潘学龙

五、工作成效

镇江高专在实施和探索眼视光产业学院的共建过程中，通过深入、持续的"政行企校"合作，在品牌专业、师资队伍、创新技能、培养质量等方面形成了创新试点引领、全面推进绽放的良好局面。

（一）"政行企校"共建眼视光产业学院

在丹阳市政府 2018 年印发的《关于培育和扶持眼镜产业发展的若干政策意见》的指导下，镇江高专挂牌"镇江高等专科学校眼视光产业学院实践基地"（目前已在禾目视觉健康挂牌"镇江高等专科学校眼视光专业实践基地"，并已开展联合招生、师资共享、课程共建等项目），同时挂牌"眼视光产业学院人才培养基地"，通过优惠政策吸引一流眼镜设计专家，建设国际化眼镜设计院。眼视光产业学院将在地市两级政府的指导下，重点建设"三个中心、一大平台"，即验光定配实训中心、视觉健康检查与诊断中心、大学生创新实践中心三个共享型实践教学基地及实训与实践大平台，努力打造行业内具有标杆水准的高水平校外实习实训基地；与禾目视觉健康共建眼健康管理服务中心，以"互联网+眼健康管理"的思维，打造持续运营的产业基地试点项目，通过远程视觉诊断将智慧眼健康管理技术引入校园，学生上岗即入职，并通过参与服务中心的管理积累创业经验；通过汇聚学校、企业、政府三方资源，以及产业、教育等优势资源，以项目实战和课程融合的教学模式培养符合产业需求的高素质复合型人才。

（二）校企联合开展人才培养模式改革

按照丹阳市政府眼镜产业发展规划及企业岗位能力要求，镇江高专已联合国际顶级视觉研究机构——华柏恩视觉研究中心，在国内视光行业和相关院校共推国际视光师资质认定标准，共同制订眼视光技术专业模块化人才培养方案。围绕眼视光产业的全链条，通过对职业岗位群、典型工作任务和职业岗位核心能力进行分析，共同凝练并构建与眼视光全产业链相对应的能力体系和专业课程体系，将视光师职业技能训练和职业道德培养贯穿于专业人才培养的全过程。根据专业群及课程群建设需要，学院教师与企业高管、技术骨干组建"双师双能型"教学团队，开展课程建设，共同编写与开发应用型人才培养教材。通过产学资源对接，逐步改造镇江高专专业教学及人才供应的过程，联合各方开展自主创新、跨界创新的研究，努力为地方提供视觉健康专业人才。目前，镇江高专已与禾目视觉健康共建大学生创新创业平台，着力培养学生的创新能力，共同开发"双创"课程，培养"双创"师资。

（三）强化企业职工在岗教育培训

镇江高专创新教育培训方式，合作开展成人教育、专项技能教育等多项培训服务，增强学校与企业、专业市场的互动，让教学更好地为企业、为专业市场服务；每年邀请丹阳市用人单位参加学校组织的校内毕业生供需洽谈会，优先为丹阳市企业输送"德智体美劳"全面发展的优秀毕业生；利用高校的教科研优势，开展针对企业和市场员工的在岗教育培训，在眼镜产业之都走出一条创新职业教育、满足行业人才需求、推进行业快速发展的新路子。2018 年以来，镇江高专眼视光专业教师为万新光学集团、禾目视觉健康等企业开展了数十场学历和职业能力培训项目。

（四）校企联合开展职业创新技能人才培养

在 2018 年开展的江苏省大学生创新创业项目中，镇江高专眼视光专业立 1 项市级指导性项目和 8 项省级一般项目，同时申报了 3 项外观实用新型发明专利。2018 年至今，校企合作共建 10 项市级以上教科研项目。在 2019 年开展的江苏省眼视光行业技能竞赛中，镇江高专眼视光专业的学生在校内外专业教师的指导下取得了新的突破，获 2 项一等奖和 3 项二等奖。

六、工作展望

本着"资源共享、优势互补、深度合作、互利共赢、共同发展"的原则，镇江高专在人才共建、协同创新、技术创新等方面深入展开校地交流与合作，不断推进学校基础研究成果向产业技术的转化与丹阳重点产业转型升级；与眼健康市场及产业相结合，为地方眼视光产业培养人才；打造眼视光行业技能型人才培养和科研创新的重要基地，开创了"创新驱动地方经济社会发展"的新局面。

（1）结合丹阳眼镜特色小镇建设，校企联合开展产业学院试点，增强产教融合平台集聚人才资源、牵引产业升级的能力；适应区域经济和产业发展需要，合理统筹布局学校教育资源，增强地方产业承载力和创新力，构建梯次有序、功能互补、资源共享、合作紧密的产教融合网络。

（2）推动学科专业建设与产业转型升级相适应；建立紧密对接产业链、创新链的学科专业体系，大力发展产业急需的紧缺学科专业；积极支持与国家大健康产业相配套的专业的发展，推进眼视光标准化、规范化、品牌化建设；注重发挥行业组织的人才需求预测作用、用人单位的职业能力评价作用，把市场对人才的需求、对岗位的要求作为学校设置与调整学科专业、确定培养规模的重要依据。

（3）共建眼健康筛查与服务中心，建立完善的儿童屈光发育档案。由政府和高校主导，将"政行企校"共建眼视光产业学院暨眼健康筛查与服务中心纳入丹阳眼镜小镇建设规划；由眼视光产业学院利用政府及高校的公共资源并引入社会力量如北京儿童医院、华厦眼科医院集团、南京同仁医院、丹阳市人民医院等，免费为在校学生开展屈光筛查服务（包括眼视力、非散瞳电脑验光和眼轴长度测量），并给予初诊结果和公共卫生评估建议，进一步完善近视学生"筛查—发现—转诊—随访—健康管理"一体化综合防治体系；建立全覆盖儿童屈光发育档案，打造全国首个儿童"零"URE（uncorrected refractive error，未矫正的屈光不正）城市。

（4）共建视光学服务标准。眼睛是人体最重要的器官之一，验光配镜是半医半商、高度专业化的工作，目前我国缺少一套统一的服务标准。丹阳作为全国最大的眼镜产业集群地，有义务和责任去建立一个全国统一的眼视光服务标准，政府和学校应牵头共同探讨和制定眼视光管理服务标准、严格量化人才培养标准，以前瞻性、高标准打造服务品牌。目前，镇江高专已汇聚北京儿童医院、华厦眼科医院集团、南京同仁医院、丹阳市人民医院等众多眼科、视光医院和院校人才资源，共同制定行业标准，建立全国标准化技术委员会。

（5）共建视光产业公益基金。镇江高专联合政府部门、行业协会和商会团体并发挥其作用，共建视光产业公益基金。该基金用于对特聘产业教授和特聘专家的师资奖酬、对品学兼优生或贫困生的专项奖励补助、对公益眼健康筛查和创新创业项目相关费用的支出。目前学校已设立万新、宝岛、吴良材助学奖学金。

（6）共担科技项目，加大人才和团队培育力度。在镇江市政府的指导下，由校企共同组建高水平应用型学科团队，支持企业、学校、科研院所围绕产业关键技术、核心工艺和共性问题开展协同创新，加快基础研究成果向产业技术的转化；协同开展眼镜产品加工工艺创新、新产品开发等科技项目研发，承担省市级以上科研和教改项目，共同申报专利和技术成果转化项目。

（7）推进产教融合协同育人，推动学校招生与企业招工相衔接；坚持职业教育"校企合作、工学结合"的办学制度，大力发展"校企双制、工学一体"的职业教育；紧密围绕产业需求，强化实践教学，完善以应用型人才为主的培养体系；联合共建共推专业产学结合培养模式改革，增强复合型人才培养能力。目前，镇江高专已在镇江市政府、市教育部门的指导和支持下与徐州医科大学、宿迁卫生中等专业学校等校合作共建人才培养基地。

旅游管理专业：创新人才培养模式

一、发展沿革

镇江高专人文与旅游学院旅游管理专业从 2003 年开始实施"2+1"人才培养模式。2011 年，学院根据旅游行业淡旺季分明的属性，开始了创新实践"校企互嵌、工学结合、旺进淡出"的旅游人才培养模式。在 2011—2016 年间，经过对三届学生的专业教学实践，学院逐步修正和完善该人才培养模式，并于 2017 年形成了一套具备自我革新、动态发展功能的旅游管理专业人才培养新模式，获江苏省优秀教学成果二等奖。此后，学院旅游管理专业相继被评为 2017 年江苏省高水平骨干专业、2020 年江苏省高水平专业群。

二、组织机构

镇江高专为旅游管理专业组建了专门的管理团队，成立了专业指导委员会。专业指导委员会主任为李冬梅，副主任为罗春燕，成员为邱小樱、王小琴、崔竞、凌丽琴、王琳、罗爱红、李占旗、王亚萍、黄凌云、屠玉蓉、支静文、华艳、华双林、鲍旦旦、朱玉霞、廖维俊、冯晓华、王志民。

三、教学方案

依据行业、企业对人才培养模式的意见和要求，"校企互嵌、工学结合、旺进淡出"的旅游人才培养模式将校企合作贯穿于学生培养的全过程，灵活安排和组织教学实施（见图1），并采用"双导师+双融合"校企融合人才培养机制。做法之一是，聘请行业专家作为学生的企业导师，并参与课程体系的设置和课程标准的制定，形成校内外教学团队共同研讨教学内容和教学形式的做法；聘请行业专家共同承担专业核心课程的课堂讲授任务，并通过讲座等形式开展专业活动。做法之二是，学校教师作为学生的学校导师同学生一起进企业，一方面，教师通过企业挂职、企业顶岗不断提升自己的专业技能水平，了解行业发展趋势，同时利用自身专长对企业员工进行培训；另一方面，学生进入企业参观学习、跟岗试岗、顶岗实习，也能够从中得到锻炼。

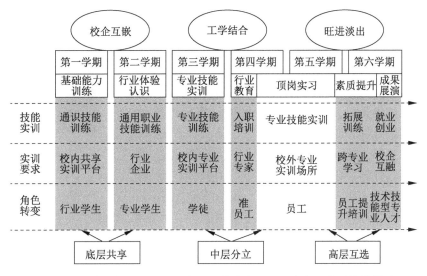

图1　旅游管理专业"校企互嵌、工学结合、旺进淡出"人才培养模式

四、名师介绍

李冬梅　中共党员，教授，江苏省"333工程"第三层次培养对象。现任镇江高等专科学校副校长、校党委委员、人文与旅游学院院长（兼）。个人独立主持省级课题项目6项，参与国家级课题项目2项，出版专著1部，独立发表论文30余篇；主持完成江苏省高校哲学社会科学研究重点项目1项；获得江苏省第四期"333工程"科研资助项目1项；主持完成江苏省"十二五"高等学校旅游管理重点专业群项目建设；主持完成《镇江市"三山"风景区"十三五"

李冬梅

发展规划》的编制；多次应邀撰写《镇江发展研究报告》和主持镇江市重大重点课题，撰写的政府决策咨询报告获得镇江市委市政府领导批示、实施；专著《旅游高职教育人才培养研究》于2018年荣获江苏省哲学社会科学优秀成果三等奖；"'校企互嵌、工学结合、旺进淡出'高职旅游人才培养模式创新与实践"于2017年荣获江苏省教学成果（高等教育类）二等奖；长期从事一线教育教学工作，多次获得宁镇扬泰片区和江苏省课堂教学比赛一、二等奖，多次指导学生参加江苏省课堂教学比赛并获

得一、二等奖。

罗春燕　中共党员，教授，硕士研究生学历，江苏省高校"青蓝工程"优秀青年骨干教师，毕业于扬州大学旅游管理专业；主要从事旅游职业教育、旅游营销、旅游经济等方面的教学和科研工作，主讲旅游市场营销学、旅游经济学、前厅服务与管理、饭店管理等课程；指导完成江苏省大学生实践创新训练项目2项；主持或参与国家级、省市级科研基金项目10余项；主编教材2部，公开发表论文20余篇；获得镇江市优秀教育工作者、镇江市"169工程"科技骨干、镇江高专首届"十佳青年"教师、师德模范等荣誉。

罗春燕

廖维俊　中共党员，教授，硕士研究生学历，现为镇江高等专科学校人文与旅游学院教师，江苏联合职业技术学院旅游管理专业带头人、江苏省高校"青蓝工程"优秀青年骨干教师培养对象、江苏省"333工程"第三层次培养对象；主要从事旅游管理方面的教学与研究工作；主持、参与国家级、省级、市级课题10余项，在CSSCI（中文社会科学引文索引）、北大中文核心等期刊上发表论文近20篇；长期从事一线教学与管理工作，获镇江市优秀教育工作者、镇江市师德先进个人称号；获江苏省职业教育创新大赛最佳伯乐奖。

廖维俊

冯晓华　教授，2007年获中国科学院研究生院（新疆生态与地理研究所）博士学位，现为镇江高等专科学校人文与旅游学院教师；主要从事旅游资源开发及规划、旅游影响、旅游者行为等方面的教学和科研工作，主讲旅游地理学、景区开发与管理、旅游学概论、旅游线路设计等课程；指导大学生参与SRP（student research program，学生研究项目）、国家大学生创新项目和大学生"挑战杯"等，其中两项"挑战杯"项目分别获国家级三等奖、兵团二等奖；指导的

冯晓华

研究生毕业论文分别获评2013、2014年度石河子大学优秀硕士论文，其中1篇获2014年度新疆维吾尔自治区优秀硕士论文；主持国家自然科学基金项目、教育部人文社会科学研究项目、校级项目、旅游规划项目等各级项目10余项；出版专著2部，主编教材1部；以第一作者发表论文20余篇，其中，4篇被ISTP（科技会议录索引）检索、9篇被CSSCI检索、9篇被

CSCD（中国科学引文数据库）检索、2篇被北大中文核心期刊收录。

王志民　教授，南京师范大学地理系理学学士，拥有旅行社经理、餐饮服务技能考评员等职业资格证书；主要从事区域旅游开发、旅游职业教育研究；先后主持并参与省级品牌专业、省级精品课程、校级精品课程、校企合作教学改革和专业项目的建设工作，并获得全国优秀校企合作奖；主编的《餐饮服务与管理》被评为江苏省高等教育精品教材和重点教材；主持完成了省市级课题"镇江旅游市场客源调查""北湖整治与'三山'国家级风景名胜区深度开发研究""基

王志民

于碳排放测度的低碳旅游景区构建"等，发表学术论文20余篇，为镇江市政府旅游规划决策提供了依据。

罗爱红　镇江高专人文与旅游学院副教授，民盟党员，毕业于南京师范大学汉语言文学本科专业，2006年获广西师范大学教育硕士学位，现主要承担旅游管理及酒店管理理论和实践的教学与科研工作；具有餐饮服务师、餐饮服务技能考评员、国家中级茶艺师、国家导游员及省级普通话测试员资格证书，多次为镇江市各大宾馆、酒店等窗口行业进行服务礼仪培训；获创业培训师资格，多次为镇江社区和学校培训创业人员；2007年获镇江高专青年教师评优课文

罗爱红

科组一等奖，在省级刊物发表论文6篇，主持和参与市级和校级课题3项，并参与编写高等职业教育旅游管理类专业系列教材《餐饮服务与管理》和《实用礼仪》等。

五、特色总结

（一）校企互嵌：旅游人才培养体系建构

校企合作是高职院校人才培养的标志性特点，旅游人才培养模式的建构也应立足于此，并做到校企深度合作、产教深度融合。"校企互嵌、工学结合、旺进淡出"旅游人才培养模式的构建正是以此为目标，将校企合作贯穿于学生培养的全过程。从制订人才培养方案和教学计划，组织实施教学、行业通用能力训练、专业技能训练，到顶岗实习、毕业设计、就业创业教育等，都由学校和企业合作完成，真正做到"校企互嵌"。镇江高等专科学校旅游管理专业群依托江苏省旅游业的发展，针对江苏省旅游业对专业人才的岗位核心能力需求，进行人才培养的改革与创新，创立和践行

"校企互嵌、工学结合、旺进淡出"旅游人才培养模式，构建"自我更新型"专业群发展模式，充分发挥其在拓展新专业方面的集群优势，更好地服务于地方旅游经济的发展。该专业群以专业指导委员会为载体，主动争取旅游行政主管部门的支持，联动一批地方旅游行业、企业力量，推进校企合作的不断深化；吸引旅游行政主管部门、旅游行业协会、旅游企业等全程参与"工学结合"的人才培养体系，建立"双师双向兼职、双栖双向服务"的教学团队，实现校企合作办学、合作育人、合作就业、合作发展的新模式。

（二）工学结合：旅游类专业课程与教学内容改革

"校企互嵌、工学结合、旺进淡出"旅游人才培养模式必须通过相对应的课程体系彰显出来，在对旅游行业典型业务流程进行分析的基础上，总结出典型的工作过程要求，构建"平台+模块"的课程体系，体现"底层共享、中层分立、高层互选"的课程设置特点。底层阶段，课程设置在通用基础平台上显示出相对的一致性，课程有着共同的基础内容和技能训练要求；中层阶段，根据各专业的差异性确定不同专业的模块课程，即确定每个专业的核心能力培养课程，形成具不同专业特点的课程分列设置，因此，该阶段课程设置在专业技能平台上应表现出差异性，不同专业体现出不同的模块课程；高层阶段，表现为专业拓展能力平台课程设置，这些课程可以被每个专业的学生选用。"三层面、三平台"形成的教学模块和实训模块，紧密地结合了校内实训基地、校企合作基地，通过"教学做一体化"的教学方式改革，将"工学结合"人才培养模式落到实处。

（三）旺进淡出：旅游类专业实践教学体系创新

实践教学是培养学生职业技能和综合能力、实现学校培养目标的关键环节。针对旅游行业淡旺季分明的特点，在旅游人才培养过程中实行"旺进淡出"的教学安排。所谓"旺进淡出"，是指安排二、三年级的学生在旅游旺季（一般为4月至10月）进入旅游企业实习实训，在旅游淡季（一般为11月至次年的3月）回学校继续进行理论知识提升和技能拓展训练。这样安排一方面可保证学生在顶岗实习时有充足的业务量，使学生得到充分的锻炼；另一方面，可有效解决旅游企业旺季人手不足的问题，从而实现学生、企业、学校"三赢"。"旺进淡出"成为"校企互嵌、工学结合、旺进淡出"旅游人才培养模式的一大亮点。

六、获奖情况

近年来，镇江高专人文与旅游学院旅游管理专业团队（学生）参加技能竞赛的成绩如下（表1）：

（1）2012年，旅游管理专业群获评江苏省重点建设项目；

（2）2017年，"校企互嵌、工学结合、旺进淡出"旅游人才培养模式创新与实践获评江苏省优秀教学成果二等奖；

（3）2017年，旅游管理专业获评江苏省高水平骨干专业；

（4）2017年，旅游管理专业教学团队获评江苏省"青蓝工程"优秀教学团队；

（5）2020年，旅游管理专业群获评江苏省高水平专业群。

表1　2013—2019年旅游管理专业学生参加市级以上技能竞赛成绩一览表

序号	姓名	竞赛名称	成绩	级别	年份
1	倪祥龙	全国旅游院校职业技能大赛中式做床项目	一等奖	国家级	2013
2	于雷	全国旅游院校职业技能大赛西餐摆台项目	二等奖	国家级	2013
3	韩妍	全国旅游院校职业技能大赛中餐摆台项目	三等奖	国家级	2013
4	吕伟	江苏省高校职业技能大赛英语演讲项目	三等奖	省级	2013
5	范镕婵	江苏省高校职业技能大赛英语口语比赛项目	三等奖	省级	2013
6	徐丽丽	全国旅游院校职业技能大赛导游中文讲解项目	三等奖	国家级	2014
7	李光皓	全国旅游院校职业技能大赛导游英文讲解项目	三等奖	国家级	2014
8	徐娜娜	镇江茶艺师大赛	十佳茶艺师	市级	2014
9	闫一帆	全国旅游院校职业技能大赛中式做床项目	一等奖	国家级	2015
10	郝韵隆	全国旅游院校职业技能大赛西餐摆台项目	二等奖	国家级	2015
11	张小颖	全国旅游院校职业技能大赛中餐摆台项目	二等奖	国家级	2015
12	周末	全国旅游院校职业技能大赛导游中文讲解项目	一等奖	国家级	2016
13	王松琦	全国旅游院校职业技能大赛导游中文讲解项目	二等奖	国家级	2016
14	沙新宇	全国旅游院校职业技能大赛导游英文讲解项目	三等奖	国家级	2016
15	汪梦宇	全国旅游院校职业技能大赛导游英文讲解项目	三等奖	国家级	2016
16	周末	江苏省高职院校职业技能大赛中文导游讲解项目	一等奖	省级	2016
17	王松琦	江苏省高职院校职业技能大赛中文导游讲解项目	二等奖	省级	2016
18	印梦溪	江苏省高职院校职业技能大赛英文导游讲解项目	三等奖	省级	2016
19	魏子恒	全国旅游院校职业技能大赛中式做床项目	一等奖	国家级	2017

序号	姓名	竞赛名称	成绩	级别	年份
20	崔忆	全国旅游院校职业技能大赛西餐摆台项目	一等奖	国家级	2017
21	曾婷婷	全国旅游院校职业技能大赛中餐摆台项目	二等奖	国家级	2017
22	王洁缘	江苏省高职院校职业技能大赛中文导游讲解项目	一等奖	省级	2018
23	赵杰	江苏省高职院校职业技能大赛英文导游讲解项目	一等奖	省级	2018
24	阚雪玮	江苏省高职院校职业技能大赛中文导游讲解项目	三等奖	省级	2018
25	王玄	江苏省高职院校职业技能大赛中文导游讲解项目	三等奖	省级	2018
26	赵杰	镇江市纪念赛珍珠获诺贝尔奖 80 周年诗词朗诵大赛	特等奖	市级	2018
27	阚雪玮	镇江市纪念赛珍珠获诺贝尔奖 80 周年诗词朗诵大赛	一等奖	市级	2018
28	徐芸洁	镇江市纪念赛珍珠获诺贝尔奖 80 周年诗词朗诵大赛	二等奖	市级	2018
29	戴昊洋	镇江市"传承红色文化 畅游最美镇江"微视频大赛	二等奖	市级	2019
30	赵杰	2019"文旅杯"镇江市导游大赛	金牌	市级	2019
31	赵杰	全国高职院校职业技能大赛中文导游讲解项目	三等奖	国家级	2019

七、工作展望

未来，镇江高专人文与旅游学院旅游管理专业将面向我国"十四五"规划，对接行业发展，借助"校企互嵌、工学结合、旺进淡出"的旅游人才培养模式，以"三教（教师、教材、教法）改革"为抓手，持续推进旅游管理专业建设和内涵提升，不断开展教学研究，实施教科研协同育人，推动旅游人才培养模式进一步创新。

正则讲坛：享誉校内外的文化品牌

一、发展沿革

正则讲坛是镇江高专 2003 年创办的一个普及人文社科类知识的学术讲坛品牌。多年来，正则讲坛始终坚持以服务学校和师生的发展为己任，力求成为学校宣传科学理论、传播先进文化、深化教育改革、塑造美好心灵、弘扬社会正气的重要阵地。正则讲坛每期根据专题需要邀请社会知名社科专家、研究人员、能工巧匠、先进模范人物和本校领导、教师（如全国"道德模范""时代楷模"赵亚夫、中国工程院院士顾心怿、原六十军军长李元喜、江苏省作家协会主席范小青、"全国五一劳动奖章"获得者沈春雷、昆曲研究专家周秦、长江学者王尧、吕凤子嫡孙正则绣传人吕存）以及党政领导、优秀校友等前来做讲座，给学生讲人生、讲文化、讲艺术等人文知识。

正则讲坛

目前，正则讲坛已成为一个窗口，不断地推出科学的、人文的、艺术的文化知识；它也是一个平台，师生可以在这里交流、互动，并在问题讨论、思想碰撞中达到共鸣；它还是一个品牌，是学校精心打造的一个传承正则文化、培育学生人文素养的文化品牌。正则讲坛的重要任务，是通过人文知识的普及、艺术作品的欣赏、思想火花的碰撞，潜移默化地塑造学生充满爱与美的心灵，培育吕凤子先生所追求的"完人"，让镇江高专人都能用爱美的心、审美的眼去感受、去发现美的作品和善的人生。通过举办正则讲坛，学校宣扬了人本理念、传播了人文知识、实现了育人目标。

二、组织机构

学校成立正则讲坛工作领导小组，由校党委书记担任组长，党委副书记担任副组长，宣传部、科技处、社科部、教务处、学生处、校团委等职能部门负责人担任成员，加强对正则讲坛的管理。同时，建立专家成员库，不断吸引研究党史、校史、地方史、非遗文化、地方文化等方面的专家加入，积累了雄厚的师资力量。

三、名师介绍

范小青 中共党员，具有文学创作一级职称；江苏省作家协会主席、党组书记、书记处第一书记，政协江苏省第九届委员会常委，江苏省政协教育文化委员会副主任，江苏省第十届党代会代表，中国作家协会第九届全国委员会委员。

徐铭 副研究员，镇江高专吕凤子文化教育研究所所长，曾先后兼任学校纪委书记、工会主席、常务副校长；镇江市京口区第八届人大常委会委员、镇江市老科技工作者协会常务副会长；曾荣获镇江市劳动模范等多项省级、市级荣誉；先后主持省级重点课题 2 项、市（校）级课题 3 项，在省级以上刊物上发表科研论文 10 多篇，主编和参编著作 5 部，2018 年出版的《吕凤子文集校释》，填补了海内外对吕凤子文稿进行编校笺注的空白。

范小青 　　　　　　　　徐 铭

杨雷 国家一级美术师，镇江中国画院院长，镇江市美术馆馆长，中国美术家协会会员，江苏省美术家协会理事，江苏省中国画学会常务理事，镇江市美术家协会副主席、学科技术带头人，镇江市有突出贡献的中青年专家、政协委员；主编《诗画镇江》《文心画廊：点染第一江山》等多部著作；入选"江苏省优秀青年国画家"名单；多部作品入选全国美展、省级美展并获奖。

杨 雷

四、特色总结

（一）频次高，大学生认可度高、参与面广

镇江高专从 2003 年设立正则讲坛起，每年组织十余场专题讲座，至今累计举办了数百场讲座。每期讲坛开讲前期保证通知、公告到位，中期组织听众到位，后期总结、宣传和报道到位。为调动广大学生参与正则讲坛的积极性，学校专门出台了《创新素质教育学分管理办法》等相关规定，并赋予大学生参加正则讲坛更高的学分（相对于参加其他校园文化活动），以完善的机制保障正则讲坛的健康发展。

（二）选题精，紧密结合学生不同阶段的成长特点

正则讲坛共分为"四季"，即"入学季""成长季""发展季""毕业季"。在"入学季"，学校重点开展校史教育及"一训三风"内涵解读，重点讲解"正则格致"的背景、内涵，启发引导广大学生认真理解、深刻体会校训的含义，并将之作为学生应知应会的重要内容；组织学生进行统一的书面测试，通过教育和活动的开展鼓励学生积极践行，让"一训三风"入脑入心。在"成长季"，学校重点开展心理健康教育，介绍优秀校友事迹，开展音乐、艺术欣赏等专题讲座，培育学生的健康心理，激励学生成长成才，提升学生的审美情趣。在"发展季"，学校重点开展学生职业生涯规划、就业创业指导等专题讲座，帮助学生提前做好发展规划，掌握就业创业基本知识。在"毕业季"，学校重点开展以"感恩、诚信、安全"等为主题的专题讲座，让学生学会感恩，学做诚信之人，增强安全意识。总体而言，举办内容丰富、形式多样、特色鲜明的正则讲坛主题讲座，可培养学生的人文素养，陶冶高雅情操，提升文化品位，不断推动社会主义核心价值观的传播和发展。

（三）理念新，人文素养培养效果显著

从成立之初，正则讲坛即秉承"为学校教育教学工作服务、为提升师生的人文素养服务"的理念，认真贯彻"立德树人"的根本任务，目前已形成较为完善的制度。为进一步提升正则讲坛的层次和讲坛在校内外的影响力，学校进一步确立特色文化建设的目标、原则和任务，细化特色文化建设的具体要求，对讲坛内容的选择、申报、审批、组织等做出了详细的规定。当前，正则讲坛已成为镇江高专广大师生的精神家园，他们在"爱与美"的熏陶中受到"崇爱尚美"文化的感召，全方位、立体式、多维度地接受了社会主义核心价值观的洗礼。

五、工作展望

（一）加强校园特色文化宣传

充分借助大运河文化带建设研究院镇江分院、沈括研究所和赛珍珠研究所等研究机构的力量，以校园文化为主线索，进一步加深大学生对"正则格致""崇爱尚美"的理解。

（二）推动"中国精神"教育

定期邀请"中国精神"代表走进正则讲坛，每年举办3~4期"中国精神"专题讲座，将讲坛打造成全校开展"中国精神"教育的重要平台和阵地，并让其积极配合"中国精神"思政通识课程的建设。

（三）扩大"正则讲坛"影响范围

以媒体融合创新为方向，发挥传统媒体与新兴媒体、现场传播与场外传播的优势，不断探索、改进传播互动方式，实现融合传播，提高讲坛的知名度和社会影响力。

正则印社："以印之美，育人之美"的艺术实践

一、发展沿革

1937 年初，吕凤子先生在无锡梅山发起组织"穷社"，寓意为：穷理尽胜，穷尽人生做人的道理，穷究艺术的精髓，穷究美化人生的道理。"穷社"的社员大多是吕凤子先生的学生。吕凤子先生与其他"穷社"成员不定期举办新作品观摩、书画义卖展等活动，所得收入全部捐赠给正则学校。这些活动不仅解决了办学资金来源问题，而且对每个社员艺术水平的提高起到了极大的促进作用。

近年来，镇江高专高度重视弘扬中华美学精神，实施"文化润校"工程，"以美育人、以文化人"，其中一项重要举措就是创建"正则印社"，推广吕凤子先生的篆刻作品（在现代艺术史上，吕凤子先生的"书、画、印"被誉为三绝），让学生深刻领悟吕凤子"爱与美"的艺术情怀和美学精神，雕琢学生的"工匠之心"，通过开展"以印言美，以印言志，以印言情，以印言趣，以印言事，以印言史"活动，提升学生的审美情趣，培育学生的正则匠心，打造美育文化品牌。

二、正则印社概况

目前，正则印社占地面积为 800 多平方米，每年投入资金 10 多万元，集"学、做、展"为一体，覆盖学生数千人。正则印社面向全校师生每两年开展一次"三个一"活动，即每两年举行一次篆刻大赛、举办一次篆刻作品展、编印一本篆刻作品集。这一系列活动的开展极大地鼓舞了学校师生的创作热情，使大家对传统文化的热爱在潜移默化中受到激发。正则印社还编印了《吕凤子印选》，并将篆刻作品开发成独具特色的校园文创产品，深受师生和来宾的喜爱。正则印社也紧紧依托镇江市篆刻艺术推广协会，将五星级旅游景区内的朱方印社设为镇江高专校外实训基地，将镇江市南山风景区竹林禅寺的清风轩篆刻馆设为学校创作实践基地，向全

国来镇游客推广吕凤子先生的篆刻艺术，产生了广泛的社会影响。

正则印社

正则印社的创建与发展，离不开三方面的因素：

一是"天时"。习近平总书记在党的十九大报告中强调："文化是一个国家、一个民族的灵魂。文化兴国运兴，文化强民族强。没有高度的文化自信，没有文化的繁荣兴盛，就没有中华民族伟大复兴。"坚定文化自信，其中很重要的一点就是要从优秀传统文化中汲取养分，大力传承和创新中华优秀传统文化，而篆刻艺术无疑是一个很好的切入点。

二是"地利"。一方面，镇江市篆刻艺术推广协会致力于将篆刻打造成镇江市新的城市名片，搭建起推动篆刻艺术从"小众欣赏"走向"大众艺术"的新平台，并为篆刻进校园提供强有力的支持与帮助。另一方面，镇江高专有着百年的深厚文化底蕴，其发轫者吕凤子先生更是江苏画派（新金陵画派）的先驱和最重要的缔造者之一，在中国美术史和美术教育史上写下了重要的一页，"凤先生"这张名片为正则印社的发展壮大提供了不竭的思想源泉和坚实的精神依靠。

三是"人和"。镇江高专党委书记林枫大力倡导传统文化教育，推动书法、篆刻进课堂，将书法美育课程设为大一学生的必修课；丁钢校长本人擅篆刻、精书法，并领衔编制了《书法篆刻》校本教材；学校专门组织了一支业务能力强、有热情、有责任心的书法篆刻指导教师队伍，还聘请了诸多书法篆刻名家担任社团指导教师。这一切为正则印社的发展提供了强大的保障。

三、活动案例

（一）以"大众篆刻"项目为抓手，雕琢学生"工匠之心"

镇江高等专科学校积极践行"大众篆刻"理念，开展"大众篆刻"教育实践活动，创建正则印社，并把"大众篆刻"课程设为卓越学院学生的必修课，让学生深刻体会"以印言美，以印言志，以印言情，以印言趣，以印言事，以印言史"，以此培养学生的"工匠精神"，并教育引导学生重视汉字及中华优秀传统文化的传承。

2018 年秋，李岚清在镇江会见了镇江高专正则印社师生代表，听取了丁钢校长的工作汇报，并欣然为学校篆刻"正则格致"校训印章一枚。这一方印是李岚清对学校文化内涵、办学宗旨和育人成绩的充分肯定，更饱含了对家乡高校不断提升办学水平、落实"立德树人"根本任务的殷切希望。镇江市委副书记、市长徐曙海，教育部原副部长、（全国）教育书画协会会长张保庆，江苏省高等教育学会会长（江苏省教育厅原副厅长）丁晓昌，当代书法大家言恭达等领导、专家也先后到学校考察正则印社"以印之美，育人之美"艺术实践活动推广情况，对镇江高专的做法给予了充分肯定。

因在传统文化教育与推广方面取得了成绩，正则印社于2019年9月被学校党委组织部设为"党员教育实境课堂示范点"。2020年10月，镇江市委组织部领导率队考察，体验正则印社实境课堂，并给予了高度评价。

省、市领导参观正则印社

（二）篆红印守初心，抄誓词践使命

为深入推进党史学习教育，传承优秀传统文化，2021年6月底，正则印社联合本校财经商贸学院党总支在"七一"建党纪念日到来之际开展"篆红印守初心，抄誓词践使命"主题党日活动，组织党员教师执笔重温入党誓词、执印钤下入党初心。

印者，信也。正则印社为本校财经商贸学院全体党员定制了一方姓名印章，印石上方雕刻了每位党员的生肖像，具有浓厚的传统文化特色；而边款上"不忘初心　正则印社"八个字更凸显了活动主题，将每位党员的姓名与党性修养连在了一起。这方"初心印"，不仅体现了中国优秀传统文化特色，而且提醒着每位成员作为党员、教育者的使命与责任。

"初心印"

入党誓词是党员对党和人民做出的庄严承诺，承载着百年来中国共产党人的初心与使命。活动中，每位党员端正坐姿，用硬笔书法一笔一画、一字一句认真地抄写并重温入党誓词，在书写中学习、在学习中思考、在思考中感悟，以此表达对党的深情和自觉践行入党誓词的决心。入党誓词书法作品完成后，党员们认真署名并钤下专属的"初心印"，场面庄严而肃穆。

正则印社把本校财经商贸学院每位党员的这份特殊的硬笔书法作品装裱成镜框于"七一"建党纪念日当天赠送给他们，以便他们时刻提醒自己"勿忘誓言、勿忘初心"。

四、名师介绍

汤真洪 镇江中泠印社副社长，镇江市书法家协会理事，乌鲁木齐书画院副院长。其书法作品入选第二届西泠印社国际书法展，篆刻作品入选西泠印社第四届篆刻评展，篆刻书法作品入选西泠印社首届中国印、中国书法、中国画大展；组织策划的书画交流活动有"金石缘"涟水展，"随缘自在"乌鲁木齐展，

汤真洪

"观心自在"伊犁展，"渐行致远"鹤隐山房艺术馆展，"丝路墨韵 情满疆苏"乌鲁木齐美术馆、镇江美术馆展，"江海陆 丝路情"乌鲁木齐、镇江、泉州展，"海上翰墨天山行"乌鲁木齐展，"丝路画语"南京、乌鲁木齐展等。其篆刻作品集《江山入印痕》《南山烟雨》分别于2015年5月、2020年9月在西泠印社出版。

徐凯 中共党员，镇江高专财经商贸学院党支部书记，正则印社负责人；曾被评为"大学生最喜爱的辅导员"，四次受学校嘉奖并记"三等功"一次，获校"三全育人"先进个人、优秀班主任、毕业生就业先进个人、学生工作先进个人，镇江市优秀团干部，江苏省优秀辅导员等荣誉称号。

徐　凯

吕存大师工作室：
正则绣文脉传承的文化阵地

一、发展沿革

镇江高专丹阳师范学院的前身为 1912 年成立的"丹阳正则女校"，其创始人为我国近代职业教育先行者吕凤子先生，百年以来的文脉传承汇聚成镇江高专文化育人的精神宝库。秉承吕凤子先生"爱与美"的教育理念，学校以吕凤子和杨守玉始创的中国第五大名绣"正则绣"为载体，筑梦非遗，走出文化育人的新路径。

正则绣是 20 世纪 20 年代在丹阳正则女校，由吕凤子先生带领其学生杨守玉（丹阳正则女校教师）共同创造的一种独特的刺绣艺术。丹阳师范学院是国家学前教育改革发展示范点和江苏省学前教育专业教师培养与培训基地，该校学前教育专业的学生整体素质比较高，具有一定的美术基础，这为正则绣的传承提供了优质的生源。另外，为了传承正则绣文脉精神和精巧技艺，吕存正则绣大师工作室（现更名为"吕存大师工作室"）应运而生。2017 年，江苏省经济和信息化委员会（现江苏省工业和信息化厅）、江苏省文化厅（现江苏省文化和旅游厅）授予其"江苏省工艺美术大师示范工作室"荣誉称号。

二、工作概况

（一）创建中国正则绣博物馆，打造非遗育人殿堂

2016 年 7 月，值吕凤子先生诞辰 130 周年之际，学校隆重举行吕凤子先生与"工匠精神"研讨会暨中国正则绣博物馆筹建启动仪式。占地面积约 2000 平方米的中国正则绣博物馆集收藏展示、研究诠释、衍生扩展、技艺传授和互动体验于一体，不仅成为学校收藏历史记忆的凭证和熔铸"崇爱尚美"校园文化的育人殿堂，而且全面向社会开放，成为传承非遗文化、营造浓郁艺术氛围的文化殿堂。

中国正则绣博物馆

（二）成立正则绣大师工作室，锻造非遗育人技能

镇江高专本着既沿袭民间技艺师徒相授的传统，又遵循现代高职教育"产教融合、工学结合"的宗旨，创新大师工作室的人才培养模式和运行机制，实施"工作室+项目+产品"的"订单式"人才培养模式，通过"传帮带"，重点培养学生的专业理论素养、实践操作能力及社会竞争能力，培育了一批具有绝技绝活的高技能人才，扶持了一批能够继承传统技术工艺的能工巧匠。

正则绣绣制过程

（三）开展正则绣文化推广，塑造非遗育人匠心

由大师工作室负责人吕存策划、举办的"正则绣发展史暨乱针绣大师作品展"活动，吸引了6位中国工艺美术大师、14位江苏省工艺美术大师、数十位江苏省工艺美术名人、全省刺绣界的精英云集开幕式现场，展示出从20世纪20年代至今，镇江、苏州、常州、扬州等地的70幅"正则绣"代表作品，提升了"正则绣"的知名度，为社会大众提供了走近大师、了解大师、观摩大师作品的机会。吕存作为大师工作室主要负责人，亲自带

领丹阳师范学院首批大师工作室的 30 余名学员来到会场，了解正则绣的发展状况。整场绣品展为培育既会实操又懂艺术鉴赏的高素质正则绣"现代学徒"提供了思路。

正则绣发展史

（四）登上正则讲坛，讲述正则绣故事

吕存大师多次走进校园，登上正则讲坛，为全校师生做了主题为"爱与美——正则绣的传承与发展"的专场讲座。该讲座进一步宣传了吕凤子先生"爱与美"的教育思想，推广了吕凤子先生的正则精神与艺术追求，推介了"正则绣"，让师生更加了解正则绣。

吕存大师做专场讲座

（五）健全正则绣数字化传播模式，创造非遗育人渠道

通过数字化手段模拟和再现"正则绣"技艺：一是记录和还原"正则绣"独特而颇具审美价值的绣制过程，保存和传承传统技艺的技术和技巧；二是搭建数字化培训平台和实习平台，通过绣艺自动规划和绣品结果模拟过程的数字化展示及教授，提高学生对"正则绣"的学习兴趣，简化培训过程，缩短培训周期，节约培训成本，实现培训渠道拓宽、后续传人培养的目标。

（六）以竞赛促教学，鼓励"储备学徒"多角度感知吕凤子文化

2016年6月，学校组织正则绣研究小组的学生参加丹阳市"永远的凤子"征文大赛。学生积极响应，通过征文以自己的视角感知、记录吕凤子文化，最终有15名学生的文章被《永远的凤子》一书收录，有6名学生获得征文优秀奖。

"永远的凤子"征文大赛荣誉证书及纪念品

三、名师介绍

吕存 我国著名美术家、教育家吕凤子先生的嫡孙；工信部、人社部、文化部联合授予的中国工艺美术大师，享受国务院政府特殊津贴，研究员级高级工艺美术师，曾经领衔主创国家级礼品——江苏省人民政府贺香港特别行政区成立的大型刺绣《归程》。他的画作在中国美术馆、中国国家博物馆和国际、国内重大文化交流与展出中屡获盛誉和大奖，多次受到国家级表彰。在参加联合国举办的千禧年"中国珍宝展"（美国纽约）活动中，

其作品被美国收藏家争相收藏。在中法文化交流年（法国巴黎）活动中，吕存正则绣被法国专家称为"真正的艺术品"。

吕　存

四、吕存作品欣赏

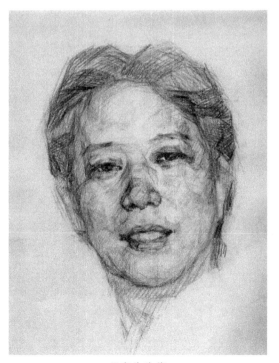

吕存先生像

银饰与青花

天禄

中国龙

安徽古村落

孙氏太极拳传承基地：
用教育破解非遗传承危机

一、发展沿革

（一）孙氏太极拳概况

孙氏太极拳将中华传统文化与中国传统武术完美结合，以提高习武者身心修养为要义，以"拳与道合"为总纲，以形意拳、八卦拳、太极拳为基础，行拳如行云流水，刚柔并济，距今已有百年历史，其创立者是我国著名武学宗师孙禄堂。

孙禄堂

孙氏太极拳的主要特征是进退相随、开合相接，将形意拳之刚猛、八卦拳之灵巧、太极拳之柔顺合而为一。孙氏太极拳的创立，实现了武术从搏斗技能向修身实学的转变升华，标志着我国武学水平的重大进步和武学思想的历史性超越。

（二）孙氏太极拳的重要发祥、传承和兴盛之地

镇江地处万里长江与京杭大运河交汇之处，素有"天下第一江山"之美誉，是国家级历史文化名城。江南的温润与中原的豪迈在此交融，特殊的地理位置和人文环境，造就了本地独特的、刚柔并济的文化气质。

1928 年，江苏省国术馆在镇江成立，时任江苏省政府主席钮永健任馆长，孙禄堂任副馆长兼教务长，下设国术师范讲习所、女子国术德习所、业余国术露天学校，公开向民众传授孙氏太极拳。国内外武术大家云集镇江，孙禄堂、孙剑云等均在此授拳，此时孙氏太极拳广为传播，使镇江成为具有重要影响力的中华武学重镇、孙氏太极之乡。1932 年浙江省国术馆出版的《国术史》一书中，生动描述了孙氏太极拳在镇江蓬勃发展的盛景——"孙氏之太极颇负时望，从学者甚众。"

1985 年，在孙氏太极第二代掌门人孙剑云的主持下，开全国之先河，

成立镇江孙氏太极拳研究会。2012年，该研究会会长即孙氏太极第三代传人霍培林先生谨守孙剑云先师遗志，继承孙禄堂先生"术德并重、文武兼修"的武学思想和江苏省国术馆未竟的事业，创办了镇江孙氏武学研究院，进一步推动镇江成为孙氏太极拳的重要传承之地、兴盛之地。

非物质文化遗产凝结着一个民族和一个地域的历史记忆，蕴藏着中华民族的传统文化。2011年，孙氏太极拳入选镇江市第三批市级非物质文化遗产名录；2015年，孙氏太极拳入选江苏省第四批省级非物质文化遗产代表性项目名录；当前，孙氏太极拳为镇江市唯一的省级体育类非物质文化遗产。

孙氏太极拳入选江苏省级非物质文化遗产

（三）孙氏太极拳濒临传承危机

青少年是传承中华优秀传统文化的主体，但调查研究显示，孙氏太极拳在青少年中的传承现状不容乐观。与五大太极拳流派中的杨、陈、武、吴四家相比，孙氏太极拳在传承人群、技术革新等方面明显处于弱势，存续现状堪忧，特别是传承人群的年龄结构不甚合理。以孙氏太极第三代传人霍培林2010—2013年收徒情况为例，拜师学徒总共103人，其中40岁以下仅8人，占比7.8%，学员平均年龄57.6岁。显然，孙氏太极拳正面临严重的人才危机、传承危机，如果不加以干预，若干年后恐将后继乏人。

（四）高校传承让孙氏太极拳焕发新春

党的十八大以来，以习近平同志为核心的党中央高度重视中华优秀传统文化的传承与发展，始终从中华民族精神追求的深度看待优秀传统文化，从国家战略资源的高度继承优秀传统文化，从推动中华民族现代化进程的角度创新发展优秀传统文化，凝聚实现"两个一百年"奋斗目标和中华民族伟大复兴的磅礴力量。

2020年，教育部、江苏省人民政府联合印发的《关于整体推进苏锡常都市圈职业教育改革创新　打造高质量发展样板的实施意见》（苏政发〔2020〕75 号）指出，推动中华优秀传统文化和非遗技艺传承与创新，建设一批职业院校非物质文化遗产传承项目。镇江高专作为一所文化底蕴逾百年的地方高职院校，利用自身优势服务地方经济社会发展，既是文脉所系，也是使命所在，更是实现高质量发展的时代需求。

镇江高专的前身丹阳正则女校的创始人吕凤子先生十分重视体育教学，据该校毕业生陈一凤回忆："当时的丹阳正则女校规定，每个科（当时学校设有绘画、刺纺、缝纫、普通师范等科）都要保证每周有两节体育课，早上有早操，课间有课间操，课后有课外活动，秋冬两季课后还有集体跑步。此外，每年还要举行一次全校田径运动会和全校同学环城赛跑，平时还经常举办班级之间和师生之间的球类比赛。暑假时，以吕去病（吕凤子次子）老师为教练员，对学校田径队进行训练。""学校的体育设备也较齐全，大操场上有篮球场、排球场、沙坑、爬竿、天梯、双杠等；活动室里有乒乓球桌、溜冰鞋、篮球、排球、网球、哑铃、铁饼、标枪、铅球和土制低栏架、跳高架等；活动场上有滚木、秋千等。每到课外活动时间，全校师生个个参与，生机勃勃，热闹非凡。吕凤子校长经常来到各个场地，看到学生们生龙活虎的样子，含笑点头，为学生们的茁壮成长而高兴。"

悠久的体育工作历史、良好的体育工作基础，让镇江高专体育工作敢为人先、争先创优。早在 2003 年，镇江高专就将包括孙氏太极拳在内的传统武术项目引进校园，通过 10 多年的发展，探索出"品学研传"四维一体的非遗传承模式，在孙氏太极第三代传人霍培林大师的引领下，品非遗韵味、学非遗技艺、做非遗研究、传非遗文化。2017 年，学校高标准建成"孙氏太极拳镇江高专传承基地"；2019 年，正则孙氏太极获"全国高等职业院校体育工作第三批'一校一品'示范基地"称号。

"全国高等职业院校体育工作第三批'一校一品'示范基地"证书

二、工作概况

镇江高专大力开展武术、健身腰鼓、醒狮等民族传统类体育项目，并取得卓越成效。特别是在镇江市文化广电和旅游局、镇江市老科技工作者协会的支持下，通过校园传承模式，使孙氏太极拳的发展取得了显著成效，在镇江乃至全国都产生一定的影响，这对保护地方文化基因、落实"立德树人"的根本任务发挥了重要的作用。

健身腰鼓　　　　　　　　　　　　醒狮

（一）建成全国最大的孙氏太极拳校园传承基地

2017年，学校建成孙氏太极拳传承基地，一期工程占地面积600多平方米，由省级非遗代表性传人霍培林大师工作室、传习所、孙氏武学研究院、太极文化长廊等组成，融非遗认知、技术教学、科研创新、文化传承为一体，是镇江孙氏太极拳宣传、教学、研究和举办社团活动的主阵地，是全国最大的孙氏太极拳传承基地，其基本情况见表1。

江苏省级非物质文化遗产——孙氏太极拳传承基地

表 1　孙氏太极拳传承基地基本情况一览表

名称	面积/m²	主要功能
霍培林大师工作室	25	团队能力建设、传承人培养
传习所	500	技术教学、文化传承
孙氏武学研究院	25	孙氏太极拳理论研究、孙禄堂研究、保护策略研究等
太极文化长廊	100	太极拳文化宣传、非遗认知

（二）弘扬孙氏太极拳"拳与道合"的育人功能

孙氏太极拳是一种传统拳术，由近代著名武术家、一代宗师孙禄堂先生创制。他从文化建设的层面，以天、地、人三元比喻八卦、形意、太极，并对其进行匠心独运的重构，追求运动形式和内涵的高度统一，不以动作层面的"难能"为可贵，而求"意"和"形"的高度协调。他通过建立合乎天、地、人三元的武学体系，为将所有武技的技击效能提升至"拳与道合"建立了共同的基础。这是孙禄堂构建"三拳合一"武学体系的目的，也是创立孙氏太极拳的宗旨。

孙氏武学的最高境界不是武艺高强，而是"拳与道合"。通俗来讲，练拳的目标，是改变人的气质、修养人的身心，把习拳者打造成具有良知、良能的完人，不是与人比较争斗，而是和自己比，让自己越来越好。

镇江高专充分发掘孙氏太极拳"修身养正""拳与道合"的价值内涵，在保证健身实效的同时，将非遗教育作为浸润其中的民族文化内容，以文化价值为引导，增强民族荣誉感；以行为规范为指导，增强道德认同感；以心理健康为疏导，增强课程获得感。通过将民族优秀文化与传统体育相结合，让学生更加自立、自信、自强，实现其享受乐趣、增强体质、健全人格、锤炼意志的学校体育教育目标。

（三）拓展社会服务，开展文化交流

学校相继举办国际孙氏武学发展高峰论坛、"一带一路"太极文化传承大会、中国（镇江）孙氏太极拳国际交流大赛等系列活动，多次受邀参加国家大型庆典展演活动。2011 年 8 月，孙氏太极拳作为第 26 届世界大学生运动会开幕式展演节目，由霍培林大师任总教练带领本校师生参加表演。2019 年 11 月，学校承办"健康中国·你我同行 2019'第十三届'中国镇江金山文化旅游节"，组织学生参加孙氏太极拳校外公开课和中华武术非遗太极拳万人联赛活动，展现了中华文化的辉煌灿烂，以及武术和孙氏太极拳习练者健康向上的精神风貌，体现了武术和孙氏太极拳的当代社会价值。近年来，镇江高专承办、参与的相关活动见表 2。

表 2　近年来镇江高专承办、参与活动一览表

序号	承办、参与活动名称	时间
1	第 26 届世界大学生运动会开幕式展演	2011 年 8 月
2	国际孙氏武学发展高峰论坛	2012 年 4 月
3	中国（镇江）孙氏太极拳国际交流大赛	2013 年 10 月
4	"亚太杯"全国太极高手汇镇江	2014 年 5 月
5	中国镇江"非遗"孙氏太极拳传承大会	2015 年 1 月
6	"一带一路"太极文化传承大会	2017 年 1 月
7	"一带一路，中华太极行"高峰论坛	2017 年 1 月
8	太极文化传承大会	2017 年 2 月
9	"健康镇江，太极先行"电视大奖赛	2017 年 10 月
10	"千年文脉西津渡，百年太极拳"展演	2018 年 10 月
11	"京艺杯"万人太极联赛（镇江站）	2019 年 11 月

三、教学方案

（一）将孙氏太极拳编入学校人才培养方案

2003 年，镇江高专修订人才培养方案，将孙氏太极拳引进体育课堂，作为体育选项课供学生自主选择。2017 年，学校整体迁入高校园区，学校的办学条件和体育场馆大为改善，孙氏太极拳课程选择人数和教学班级连年增加。2019—2020 学年共开设了 8 个教学班级，约 360 人参加授课练习；2020—2021 学年第一学期就有 8 个教学班级，约 320 人选择了太极课程，学期考核合格，即可获得 2 个体育课程学分。

（二）打造实力雄厚的"双师型"教学团队

教师队伍是发展职业教育的第一资源，是支撑国家新时代职业教育改革的关键力量，建设高素质"双师型"教师队伍是加快推进职业教育现代化的基础性工作。当前，同时具备理论教学能力和实践教学能力的"双师型"教师及教学团队短缺，已成为制约职业教育改革发展的瓶颈。

镇江高专将非遗项目纳入人才培养体系，构建"1+1+1"式的"双师型"教学团队：一是注重理论教学指导的学院教师队伍，主要由镇江高专孙红梅教授、牛广副教授等 6 人组成；二是注重实践教学的传承人队伍，主要由霍培林大师领衔的省市级非遗代表性传承人 7 人组成；三是注重社会推广服务的志愿者队伍，主要由校内孙氏太极拳社团学员组成。截至 2020 年年底，孙氏太极拳社团有 236 名成员，他们定期在公园、社区等场所开展义

务教学和社会体育指导活动，这些社团志愿者每年向社会公众传播孙氏太极拳 2000 多人次，成为全民健身的宣传者、太极健身的指导者、孙氏太极活动的组织者和健康生活方式的引领者。

"双师型"教学团队部分成员

孙氏太极拳志愿者队伍

孙氏太极拳教学团队成员具体信息见表3。

表3　孙氏太极拳教学团队成员一览表

序号	姓名	职称	职务
1	霍培林	省级非遗代表性传承人 孙氏太极第三代传人	特聘教授 团队负责人
2	霍培森	市级非遗代表性传承人 孙氏太极第三代传人	特聘教师
3	霍永俊	市级非遗代表性传承人 孙氏太极第三代传人	特聘教师
4	王玉芳	市级非遗代表性传承人 孙氏太极第三代传人	特聘教师

序号	姓名	职称	职务
5	杨 桦	孙氏太极第三代传人	特聘教师
6	朱诗舟	孙氏太极第三代传人	特聘教师
7	沙 涛	孙氏太极第四代传人	特聘教师
8	孙红梅	教授	指导教师
9	牛 广	副教授	指导教师
10	掌玉宏	教授	指导教师
11	王大江	副教授	指导教师
12	任淑慧	副教授	指导教师
13	严 红	副教授	指导教师
14	孙 兰	副教授	指导教师

（三）建成完善的"品学研传"四维一体传承模式

通过多年的发展，镇江高专探索出"品学研传"四维一体的非遗传承模式。在省级非物质文化遗产代表性传承人霍培林大师的引领下，学生们于课内品非遗韵味、学非遗技艺，于课外做非遗研究、传非遗文化。在镇江市文化广电和旅游局的支持下，在校内挑选优秀学员组成非遗传承班级，由霍培林大师亲自授课，系统传授孙氏太极拳的理论与技法。此外，在课外广泛开展教职工和社会人员的培训，近5年来累计培训学员5000余人。通过"政府搭台、大师传承、学校唱戏"的运作模式，让孙氏太极拳在校园落地，在课堂生根，在学生心中发芽，在校园内外开花。2019年孙氏太极拳传承基地授课情况见表4。

孙氏太极拳教职工和社会人员培训

表4　2019年孙氏太极拳传承基地授课情况一览表

课程类型	授课对象	学时	人数	授课教师
选项课	大一、大二年级学生	28	360	教学团队
选修课——非遗课程	选项课班级中的优秀学员	32	60	霍培林
社会教学	教职工、社会人员	20	2130	志愿者

四、名师介绍

霍培林　江苏省级非物质文化遗产"孙氏太极拳"代表性传承人、镇江孙氏武学研究院院长，镇江高专特聘教授、校孙氏太极拳教学团队负责人，自幼酷爱拳术。20世纪80年代初，其师从孙氏太极拳创始人孙禄堂之女孙剑云，学习孙氏太极拳、孙氏形意拳和孙氏八卦拳；1984年，霍培林正式拜孙剑云为师，一练就是30余年。2012年，他个人出资建立镇江孙氏太极拳文化传播基地——镇江市培林孙氏武学研究院。他还决心延续江苏省国术馆未竟的事业，开

霍培林

办教练员培训基地和太极养生馆，致力于培养一批传承孙氏太极拳的优秀人才，把孙氏太极拳传授给广大群众。

霍永俊　政协镇江市委员会委员、镇江孙氏武学研究院副院长，镇江市级非遗代表性传承人，孙氏太极第三代传人，镇江高专特聘教师。

霍培森　镇江孙氏武学研究院副院长、总教练，镇江市级非遗代表性传承人，孙氏太极第三代传人，镇江高专特聘教师。

杨桦　镇江市老科技工作者协会"非遗"太极拳分会副秘书长，孙氏太极第三代传人，镇江高专特聘教师。

霍永俊

霍培森

杨　桦

五、特色总结

镇江高专探索实施孙氏太极拳的教育和传承，形成了"品非遗韵味、学非遗技艺、做非遗研究、传非遗文化"四维一体的非遗传承模式。学校还通过开设孙氏太极拳非遗课程，打造实力雄厚的"1+1+1"式"双师型"教学团队，旨在建成全国规模最大的孙氏太极拳校园传承基地，充分发挥体育"非遗"育人功能，实现享受乐趣、增强体质、健全人格、锤炼意志的学校体育教育目标。

六、获奖情况与社会关注

多年来，孙氏太极拳传承基地共主持孙氏太极相关研究课题 12 项，获市级以上奖励 5 项；其教师团队中获评江苏省中青年学术技术带头人 1 名，校级教学名师 2 名；2016 年基地被评为镇江市非物质文化遗产优秀传承基地，2018 年被评为江苏省非物质文化遗产传承基地，2019 年获评"全国高等职业院校体育工作第三批'一校一品'示范基地"称号。

江苏省教育系统关工委原主任葛高林、镇江市人民政府副市长曹丽虹等 60 多位领导、专家先后到基地视察指导。霍培林大师带领师生访问国内外多个地区，进行太极文化交流和孙氏太极拳推广活动，引起了社会各界的广泛关注。搜狐网、中共江苏省委新闻网、江苏省体育局网站、江苏省广播电视总台、荔枝网、江苏国际在线和镇江市广播电视台、《镇江日报》、《京江晚报》等主流媒体竞相跟踪报道了本校孙氏太极拳的课堂教学、科学研究、社会活动、志愿服务和获奖情况等，获得广大网友的热议、好评和社会的广泛关注。

基地活动

七、工作展望

作为中华传统体育文化的瑰宝，孙氏太极拳是极其珍贵的中华传统文化遗产，省、市政府部门高度重视对它的保护与传承。镇江市相关部门对其制定了详细的保护规划，提出了"以太极文化为核心，构建镇江国际孙氏太极拳研学之都"的发展目标，建立了规范的孙氏太极拳传承谱系数据库；加大资金投入力度，完善代表性传承人津贴制度，着力打造镇江孙氏武术学院、孙氏太极国际交流中心、太极文化创意中心、江苏省国术馆（重建）等四大太极文化创意项目。镇江市政府致力于将镇江打造成太极文化的展示之城、太极生态旅游的示范之城，让历史悠久的太极为健康中国建设谱写新的篇章。

文运同国运相牵，文脉同国脉相连。非物质文化遗产是中华民族特有的文化基因和精神标志，保护"非遗"，就是延续历史文脉、传承中华文明。镇江高专将以全国高等职业院校体育工作第三批"一校一品"示范基地建设为契机，深入贯彻中共中央办公厅、国务院办公厅于2020年印发的《关于全面加强和改进新时代学校体育工作的意见》和国家体育总局、教育部于2020年联合印发的《关于深化体教融合 促进青少年健康发展的意见》，进一步加强中华传统体育文化建设，不断深化课程改革，优化课程体系，推进体育与教育的有机融合，使镇江高专体育工作特色化发展更上一层楼。愿更多的学校能和镇江高专一起，通过深化体教融合，让更多青年学生了解"非遗"、传承"非遗"，实现习近平总书记要求的"享受乐趣、增强体质、健全人格、锤炼意志"的学校体育教育目标。

书法教育：吕凤子教育思想的传承

2018 年，习近平总书记在全国教育大会上指出，要全面加强和改进新时代学校美育工作，坚持"以美育人、以文化人"，提高学生的审美素养和人文素养。这一重要论述，指明了新时代加强和改进学校美育工作的方向、路径、目标、任务，也对新时代美育工作者提出了明确要求。新时代教育工作者应充分认识到美育在培养高端艺术人才、提升全民审美素养、塑造青年一代美好心灵、激发全社会创新活力等方面都具有不可替代的重要作用。美育是培养"德智体美劳"全面发展的社会主义建设者和接班人必须着力加强的重要工作。在这一大时代背景下，镇江高专提倡大力发展美育教育，集中各方面的力量在全校开设书法课，至今取得了初步的成效。

一、发展沿革

（一）"正则"时期

从吕凤子先生 1910 年创办神州美术院至 1912 年创办丹阳正则女校，再到丹阳正则女校发展为正则艺专、正则职校和正则中学三部分，共有师生千余人。受李瑞清教育思想和蔡元培"以美育代宗教"思想的影响，吕凤子先生创办的学校不仅传授艺术技能，更重视培养人的美育思想，提倡每个"学画人"都要做到"五多"，其中一条就是"多写字"，书法课就是当时正则艺专美育发展的重要课程。

（二）"丹阳师范"时期

1952 年，正则艺专改制为公办丹阳师范学校，办学规模不断扩大，专业设置也由单一的普通师范专业发展到文科、理科、幼教、美术、音乐、英语、计算机七个专业。学校坚持传承吕凤子先生的美育思想，始终以抓好学生的人文素养为提升美育素养的突破口，其中便包括重要科目"三字一话"，"三字"指的就是毛笔字、钢笔字、粉笔字。

（三）"镇江高专"时期

1992 年，镇江教育学院、镇江市职业大学、江苏省广播电视大学镇江分校合并成立镇江高专，直至 2003 年丹阳师范学校并入，学校秉承吕凤子先生"爱与美"的教育思想，形成了"人文素养＋职业能力＝可持续发展素质"的办学特色，文化育人特色品牌荣获教育部高校文化建设优秀成果奖。其中，书法美育课程一直是镇江高专人文素养系列课程的主干课程。在全校师生的齐心协力下，书法美育课程的开设也从先前的让部分感兴趣的学生选修发展成目前的全体学生必修课，学生每天都要练习写字，以写好汉字为骄傲；书法篆刻社的同学积极筹办书法篆刻展，踊跃参加书法系列活动，形成了本校素质教育的又一重大特色，成为学校主打的美育品牌。

二、教学方案

为响应习近平总书记"做好美育工作，弘扬中华美育精神"的指示精神，传承吕凤子先生"爱与美"的教育思想，学校党委在全校大力开展美育工作，率先在 2019 级学生中开设书法美育课程，成立专门的书法教研室。其间校领导多次召集相关部门领导、教研室书法教师召开书法美育课程专题会议，专门制定了详尽的书法美育课程教学方案、教学计划，使得书法美育课程在全校大一年级学生中全面开展起来。

（一）课程建设背景

中国书法从古代发展至今，美感无处不在，讨论书法审美的经典论述也无处不在。当下，即使是大学生、大学文科教授、领导干部、科技专家、公司管理层等相对文化素养较高的群体，也大多是书法的"美盲"，而人们对社会中哗众取宠的俗气书法、江湖书法却津津乐道。镇江高专的教育除了要求学生掌握必要的专业技能外，还要求学生必须具备一定的人文素养。从美育的教育背景出发，通过书法美育课程教育，引导学生从浩瀚博大、美不胜收的古代经典书法作品入手，诱发其强烈的书法审美需求，进而引导他们兴趣盎然地日日临池不倦，并通过书法学习不断提高自己的审美情趣和品位格调，同时学习书法对于中国传统文化的学习大有裨益，能增强学生对中国传统文化学习的自觉和自信。

（二）课程建设思路

书法作为中国特有的传统美学类型，是树立中国"文化自信"、完成"中华民族伟大复兴"大格局中不可或缺的组成部分。结合吕凤子先生的美育思想，学校的书法美育课程着力于提升学生的审美素养和人文素养，目标是培养一大批热爱书法，甘愿成为书法的体验者、接受者、欣赏者、推广者的"懂行的旁观者"，培育良好的书法美育生态。

（1）普及书法美育知识，倡导"审美居先"而不是"技术主义"。书法美育课程希望通过引导学生领悟基础书法美学知识，进行一定的技能体验，培养出一大批爱书法、懂书法、会书法的书法美育实践者和传播者。

（2）从书法艺术经典出发，体现先"眼"后"手"的课程改革思维，着重从对传统经典的解读、领悟，过渡到对具体技法的实践。

（3）课程实施过程中重点培育学生对书法艺术的理解力、判断力，通过对书法的笔法、结体、章法的观察、研读、分析，以及对书法表现的引领解读，紧抓每个教学环节的具体落实，逐步达到书法美育课程全方位的教学效果。

（4）坚持教学过程中的问题导向，结合书法美育课程教学团队的集体智慧，把书法美育课程建设成有影响力的学术品牌。

（三）课程建设方案

"书法美育课程"是针对全校大一年级学生开设的通识型书法课程，共16课时，在一个学期完成，期末考评合格后获得1个学分。

1. 课程目标

（1）学习汉字的基本结体、笔法规律，掌握基础笔法，写好汉字。

（2）向全体学生普及书法基础知识，解读中国历代书法发展的脉络，了解草、隶、篆等各种书体形成的时代背景。

（3）提升学生的书法审美能力，使其了解书法工具及材料之美、书法样式之美、书写行为之美、视觉形式观赏之美、用笔技法之美等。

（4）选拔对书法有浓厚兴趣、具有书法特长的学生进入学校的研山书艺社、正则印社，利用学校重点打造的良好书法学习环境，按照正规的书法教学模式着重培养一批学生，指导他们从基础的临帖起步，逐步过渡到创作，继而参加各级各类书法展赛，提高本校书法美育课程的影响力。

（5）打造省级美育课程特色品牌项目——书法美育。

2. 课程实施

"书法美育课程"共16课时，分为8讲：

第1讲：认识书法，简要介绍书法的发展历程，书法欣赏的方法、途径，书写的工具及材料等。

第2讲：篆书赏析，具体介绍篆书的分类、发展沿革，研读书法史上甲骨文、金文、石鼓文、小篆等名碑佳帖，解析篆书笔法特征。

第3讲：隶书赏析，具体介绍隶书的分类、发展沿革，研读书法史上著名的《张迁碑》《礼器碑》《石门颂》《曹全碑》以及清代隶书佳帖，解析其笔法特征及艺术风格。

第4讲：草书赏析，具体介绍草书的分类、发展沿革，研读书法史上《冠军帖》《十七帖》《书谱》《古诗四帖》《诸上座帖》等名帖，解析其笔法特征及艺术风格，分享历代草书名家的书学轶事。

第5讲：行书赏析，具体介绍行书书体的形成时代及发展，研读书法史上《兰亭序》《祭侄文稿》《寒食帖》《韭花帖》《多景楼诗帖》等行书佳作，解析行书笔法特征及艺术风格，分享历代行书名家的书学轶事。

第6讲：楷书赏析，具体介绍楷书的分类、发展沿革，研读书法史上《郑文公碑》《张猛龙碑》《瘗鹤铭》《大字阴符经》《颜勤礼碑》等名帖，解析其笔法特征及艺术风格，分享历代楷书名家的书学轶事。

第7讲：篆刻赏析，具体介绍篆刻的分类、发展沿革，研读书法史上秦印、汉印，以及明代以来的文彭、陈鸿寿、邓石如、赵之谦、吴昌硕、齐白石等篆刻大家的印风，解析他们的刀法特征及艺术风格，分享历代篆刻名家的书学轶事。

第8讲：临摹与创作，具体介绍书法的学习方法与途径，从读帖、临摹等角度，掌握不同书体的笔法特征，理解各种书体的章法规律，逐渐过渡到书法创作。

3. 一人一院

书法美育课程是在全校大一年级新生中开展的通识型书法课程，每个学院分别由一位书法教师全面负责指导学生的书法学习。

4. 每日一练

配合"文化润校"工程，持续深化发展"崇爱尚美"校园文化内涵。要求学生在完成书法美育课程作业的基础上，结合所学练习硬笔书法，做到每天书写半小时。

（1）由各个学院安排专人负责实施，第一学年的两个学期，安排学生每天晚自习（19:00—19:30）按照指定教材进行硬笔书法练习。

（2）各个学院负责指定学生将晚自习的书法作业（每月1次、每人2幅）交给学院的书法教师批阅。

5. 一月一次活动

充分利用校内外书法文化资源，每月为学生组织一次书法专题活动，如聘请校外名师开展专题讲座，引进或策划优秀的书法篆刻展览，邀请书法名家举办书法创作现场展示并对学生进行书写指导，组织书法特长生深入企业、社区、农村书写春联，进行文化惠民等活动。

6. 一学期一展

每学期至少在校内举办一次学生书法作品展览。一是对书法美育课程教学成果进行展示与汇报；二是促进形成学生观展、学习、入展的良性竞争，并且入展的成绩还可以换得相应的综合实践学分，创造良好的书法学习氛围。

7. 三年三段

学生在校三年的书法学习分为三个阶段：

（1）普及阶段（大一年级），通过书法美育课程的8讲，让学生了解书法，培养他们学习书法的兴趣，并选拔部分具有书法特长的学生进入学校的研山书艺社、正则印社。所有大一年级学生经过一学年的书法学习、练习后，需通过教务处组织的书法过关测试，方可获得相应的综合素质学分。

（2）社团学习阶段（大二年级），书法特长生在这一时期重点进行草、隶、篆、行等书体的临习，为书法创作打好基础。

（3）成果阶段（大三年级），书法特长生在教师的指导下进行书法创作，积极投稿并参加各类书法展赛，争取获得佳绩，为校园文化建设增光添彩。

三、名师介绍

镇江高专高度重视学生的素质教育，积极整合校内外优秀的书法教学师资，组成强大的书法美育课程教学团队。

郑为人　1990年毕业于南京师范大学美术学院国画专业，现为江苏大学艺术学院美术系副教授、中国书法家协会会员、江苏省书法家协会理事、镇江市书法家协会副主席。其书法作品入选全国第一、二届楹联书法展，全国第一、二届扇面书法展，全国首届行草书法展，全国第七届中青年书法篆刻家作品展，全国第八届书法篆刻作品展；获第二届中国书法兰亭奖，中国画作品获江苏省第二、三届山水画展优秀奖；入选中国当代画坛名家作品展，当代中国画二十家邀请展。

郑为人

许能俊　中国书法家协会会员，九三学社会员，镇江市书法家协会副主席，句容市书法家协会主席。其作品入选首届全国青年书法篆刻展、全国首届行书大展、"高恒杯"全国书法艺术大展、"沙孟海杯"全国书法篆刻作品展；获"走进青海全国书法大展"优秀奖、林散之书法"三年展"佳作奖、"别克君威全国书法篆刻大展"佳作奖、首届镇江市书法篆刻双年展一等奖、第十一届江苏省"五星工程奖"铜奖。

许能俊

王新南　镇江高等专科学校退休教师，副教授，江苏省书法家协会会员。其诗词发表于相关报刊及新媒体，七言长诗《长歌一叹王安石》获2017年全国诗书画年会一等奖。

李劲松　1996年毕业于南京师范大学美术系国画专业，国画、书法师从范扬、刘赦、沈宏寅、徐培晨、马士达、周玉峰诸先生，现任职于镇江高专艺术设计学院，副教授，江苏省美术家协会会员、中国摄影家协会会员。

王新南　　　　　　　　李劲松

马军　1995年毕业于南京师范大学美术学院国画专业，国画、书法师从范扬、徐培晨、黄柔昌、刘赦、王继安、陈仲明诸先生，现为江苏省美术家协会会员、江苏省徐悲鸿研究会理事、镇江高专艺术设计学院副教授；书画作品多次入选省级以上展览并获奖，部分作品被南京师范大学美术学院、烟台美术博物馆、碧桂园华东中心总部大楼、镇江市交通运输局、镇江市工商业联合会等多家单位和机构收藏。

马　军

四、工作总结、特色提炼

在学校各方面的全力支持下，书法美育课程在全校大一年级学生中得以全面开展，现做如下总结：

（1）书法教研室全体教师克服重重困难为全校大一学生开设书法美育课程，传授传统书法知识，传扬书法美育精神，这是对习近平总书记"做好美育工作，弘扬中华美育精神"讲话精神的具体践行，也使吕凤子先生的美育思想在新时代的传承中焕发出新的意义。

（2）选拔对书法感兴趣、有书法特长的学生进入学校的研山书艺社、正则印社，引导他们进行更深层次的书法学习，使其通过两到三年的书法理论、书法技能学习，具备良好的书法艺术认知能力，掌握书法书写技能且具有一定的书法创作能力；使他们既领略到中国传统书法艺术的神奇魅力，在精神上得到升华，又掌握了一项高超的艺术技能，为他们今后走向社会增添新的竞争力。

（3）建设了高标准的书法教研室、创作室，为教研室教师的教学研讨、书法专业技能的学习与锤炼营造了良好的环境；建设了环境优越、条件一流的"书法超市"，为学生学习书法创造了更大空间，研山书艺社、正则印社的学生可以随时前来练习书法篆刻技能，相互交流学习心得，成为镇江高专校园里一道亮丽的风景，也带动了全体学生学习书法的热情。

（4）邀请著名的书法家进校园。学校先后邀请了镇江市硬笔书法家协会主席唐明觉，镇江市书法家协会副主席郑为人、许能俊，乌鲁木齐书画院副院长汤真洪等来到学校开展多种多样的书法活动，他们或讲解书法基础理论知识，或亲自示范不同书体的书写技法，或分享书法研学历程中的心得体会，进一步激发了学生学习书法的热情，提升了书法美育课程的影响力。

书法家现场展示

（5）带动研山书艺社、正则印社的同学积极策划书法主题活动。其中最有影响力的是 2020 年元旦期间组织的"把'福'字带回家"春联书写活动，研山书艺社的同学热情高涨，他们为学校的老师书写春联，感谢老师一年又一年在课堂上的辛勤耕耘；他们为即将回家的同学书写春联，祝福他们百尺竿头，更进一步；他们为宿管阿姨书写春联，祝她们阖府安康、日子过得越来越红火。活动现场气氛热烈，同学们共书写了几百幅"福"字和春联。他们所掌握的书法技能得到了尽情地发挥，为校园文化建设增添了一道亮丽的风景线。

同学们写"福"字

（6）建立丁观加书画工作室。丁观加先生是中国书法家协会会员、中国美术家协会会员，当代书画大家、镇江的城市文化名片。丁先生十分敬佩吕凤子先生的人品、学识，也想为镇江高专的美育工作奉献自己的一份力量。丁观加书画工作室的建立，为镇江高专的文化建设增添了浓墨重彩的一笔，成为学校对外文化交流与宣传的响亮招牌。

五、未来工作思路与展望

（1）更加深入地学习习近平总书记关于"做好美育工作，弘扬中华美育精神"的指示精神，围绕吕凤子先生美育思想在镇江高专传承的中心思想，积极开展书法教研活动，激发每位教师的活动积极性，力促各位教师畅所欲言、各抒己见，为使学校书法美育课程达到新的高度贡献自己的力量。

（2）集中智慧，制定更加合理、操作性更强的教学规划，使得书法美育课程能更加系统地开展。

（3）邀请更多有志于书法美育的校外书法家走进校园，通过讲座、示范等方式，全方位地融入本校的书法美育课程与社会实践中，同时也通过相互交流积极宣传本校的书法美育成绩。

（4）积极发挥"书法超市"的作用，使学生在这里学习书法成为一种常态，要把"书法超市"建设成学生向往的精神家园。

（5）鼓励教师及时总结书法美育课程的教学心得，创新教学模式，撰写相关教育教学论文并发表。

（6）编写高职高专类书法美育课程教材，重点融入"美育"元素，为高职高专的文化素质教育添砖加瓦。

（7）激励教师钻研书法业务，锻炼书写技能，并创作书法作品参加各级各部门及书法协会组织的书法展，带动学生积极投入书法创作，参加各级各类展赛。

（8）每年举办一次全校师生书法展，激发学生学习书法的兴趣，掀起学生书法学习的热潮。

（9）通过书写春联等活动，加强学校和企业、社区的交流，为学校的校企合作、校地融合贡献力量。

晨读经典："文化+思政"育人的新路径

文化经典是各个历史时期人类最高智慧的结晶，文化传承离不开经典，文明发展离不开经典。2014年，习近平总书记在文艺工作座谈会上发表讲话，胪列中外名人和经典著作，并指出要从文化传承、文化育人的高度，引导青年学子追求积极向上的人生意义，传承和弘扬中华优秀传统文化，这就要求我们创造条件，让学生通过阅读，走近经典、学习经典、融入经典。2018年9月，教育部联合国家语委印发的《中华经典诵读工程实施方案》（教语用〔2018〕3号）对经典诵读提出了明确要求。镇江高专基于学校创始人吕凤子先生"爱与美"的文化育人理念，深入推进"文化润校"工程，充分发挥第一课堂文化育人的作用，综合推进"三全育人"和"课程思政"教学改革，在全校范围内推行"'晨读经典'大学生阅读活动"，并将其以课程的形式纳入学校日常教学管理，融入校园文化建设，让学生在品味政治、历史和其他文化的经典著作中坚定政治认同、提升文化素养。

一、发展沿革

晨读作为一项教学活动，曾长期由各学院独立组织，并没有纳入学分制课程管理体系，因而出现晨读质量难以保证的现象。为贯彻落实党的十八大以来关于繁荣高校哲学社会科学的相关文件精神及教育部关于文化经典诵读的相关要求，结合镇江高专"文化润校"工程的总体部署，由学校主要领导牵头，召开相关部门座谈会，决定成立"晨读经典"工作领导小组，通过制订方案统一明确要求，以此规范学校晨读工作。

2019年1月16日，《文化润校之"晨读经典"实施方案》（以下简称《方案》）经学校校长办公会审议通过，并向全校印发。《方案》明确了"晨读经典"工作领导小组的人员组成，且对活动主体、活动内容、活动时间、活动组织与实施方式、活动要求等作了详细说明。

镇江高等专科学校文件

镇高专〔2019〕5 号

关于印发《文化润校之"晨读经典"实施方案》
的通知

各部门、各院部：

《文化润校之"晨读经典"实施方案》已经校长办公会审议通过，现予以印发，请遵照执行。

特此通知

附件：文化润校之"晨读经典"实施方案

镇江市高等专科学校
2019 年 3 月 16 日

印发《文化润校之"晨读经典"实施方案》的通知

2019 年 3 月 1 日，新学期开学的第一天，"晨读经典"阅读项目正式启动，晨读内容通过学校图书馆微信公众号向全校师生推送，各班由一名"领读员"进行领读，校团委采用钉钉打卡的方式线上统计出勤率，取得了良好的效果。金山网以"'晨读经典'——镇江高专打造'文化育人'品牌"为标题对此事进行了报道。

2019 年 3 月 11 日，学校督导处通过数据分析产生了第一周的"晨读经典"情况报告，对各学院"晨读经典"的总体情况进行了综合研判，并将报告下发至各学院以督促整改。各学院在一周后将整改方案汇总到"晨读经典"工作领导小组，有效推动了"晨读经典"工作的规范运行。

2019 年 4 月 24 日，为检视"晨读经典"的实施效果，"晨读经典"工作领导小组下发了《镇江高专首届"晨读经典"微视频评比展演活动方案》，活动征集了 21 个微视频，评选出一、二、三等奖并进行了表彰。

2019 年 6 月 2 日，通过"晨读经典"活动选拔的优秀选手参加了由镇江市全民阅读活动领导小组办公室指导，书香江苏在线、现代快报网主办，中海润江府承办的"领读镇江，我们的时代"诵读大赛，他们以一首慷慨激昂、声情并茂的《青春中国》诗朗诵夺冠。

2019 年 9 月 10 日，"晨读经典"工作领导小组召开会议，继续推进新学期"晨读经典"工作，并下发了《关于新学期"晨读经典"工作的推进意见》，将"晨读经典"工作纳入课程化管理，实行学分制考核。

2019 年 11 月 18 日，为丰富"晨读经典"的活动形式，促进"晨读经典"向更多阅读人群普及，"晨读经典"工作领导小组向全校印发《镇江高专关于开展"全员阅读活动"的实施方案》，进一步培养学生的阅读习惯、提高学生的阅读能力、提升学生的阅读质量，也营造了"书香校园"的良好氛围。

2019 年 12 月 4 日，"晨读经典"心得分享沙龙活动在校图书馆阅读欣赏室举行，学校主要领导出席了活动，各二级学院"晨读经典"工作的分管领导作了工作汇报，另有 7 名学生代表分享了参加"晨读经典"活动的收获和心得体会。

2019 年 12 月 28 日，"晨读经典"工作领导小组召开"晨读经典"教材编写会，会上明确了教材的编写人员、编写内容、编写规范及时间进度等相关要求。

2020 年 4 月 23 日，"'晨读经典'推广项目"在 2019 年度镇江市全民阅读先进典型选树活动中，被评选为镇江市"优秀阅读项目"，项目相关人员作为获奖代表，宣读了镇江市全民阅读活动倡议书；"镇江壹周"公众号推送了镇江高专万名师生晨读的典型事件；紫牛新闻以"镇江高专万名师生参与'晨读经典'已成为'书香镇江'的品牌符号"为标题对此事进行了报道。

2020 年 9 月 7 日，新学期的第一天，"晨读经典"课程开始统一使用"晨读经典"工作领导小组主编的《晨读经典阅读材料》。

二、组织架构

"晨读经典"阅读项目由"晨读经典"工作领导小组统筹负责，由学校分管教学工作和学生工作的副校长担任组长，由教务处处长、人事处处长、发展研究室主任、团委书记、图文信息中心主任担任副组长，由各学院分管学生工作的副书记任组员，形成横向协调、上下联动的组织架构。

三、教学方案

2019 年 3 月 1 日—2020 年 7 月 22 日，"晨读经典"活动以《习近平用典》（第 1 辑）、《习近平用典》（第 2 辑）为阅读内容，通过学校图书馆微信公众号推送，按不同主题每周推送 1 次，每次推送 5 篇。

2020 年 9 月 10 日以后，以《晨读经典阅读材料》为阅读内容，通过学校图书馆微信公众号和纸质教材两种方式呈现。

四、特色总结

（一）"晨读经典"阅读项目受众面广

"晨读经典"阅读项目自 2019 年 3 月在镇江高专推广以来，已有超过一万名在校大学生、一千余名教职工参与其中，受众涵盖在校生、毕业生、在职教职工、离退休教职工等多类人群。同时，阅读内容通过学校图书馆微信公众号面向公众发布，活动影响力不断提升，逐步成为"文化镇江"的特色品牌。

（二）"晨读经典"阅读项目内涵丰富

"晨读经典"阅读项目是在学校深入推进"崇爱尚美"文化润校工程中产生的一项标志性成果。长期以来，学校始终将"文化育人"放在重要位置，在各级团组织、学生会的组织下，面向学生开展各项阅读活动。2019年 1 月，为贯彻落实习近平总书记在全国教育大会上关于"德智体美劳"的讲话精神，学校在经过广泛研讨之后，决定实施"晨读经典"阅读项目，将数年来的晨读活动纳入学校课程管理体系。"晨读经典"工作领导小组基于项目的"文化+思政"育人导向，对阅读内容进行了统筹设计。

（1）思政经典，包含马克思主义、毛泽东思想、邓小平理论、"三个代表"重要思想、科学发展观、习近平新时代中国特色社会主义经典论著等内容。这一部分阅读内容是为了丰富大学生思政教育的内涵，全面培塑大学生正确的意识形态和价值观。

（2）专业经典，包含学科专业发展过程中产生的体现人文思想和"工匠精神"的专业经典论著。这一部分阅读内容是为了提高学生对"工匠精神"的认知水平，促使学生在专业技能的学习过程中，形成正确的职业态度和职业观念，丰富"人文素养+职业能力＝可持续发展素质"的育人特色。

（3）文化经典，包含中外历史发展进程中产生的体现人类智慧和文明的经典文化论著。这一部分阅读内容是基于大学生人文素质培养的要求，将经典文化论著的阅读融入大学生的人文素质通识教育中，实现培养"德智体美劳"全面发展的社会主义事业建设者和接班人的育人目标。

（三）"晨读经典"阅读项目形式多样

"晨读经典"阅读项目在"晨读经典"工作领导小组的领导下，校团委、图书馆、教务处、督导处、学院部门各司其职，班主任、学生干部主动参与，形成了自上而下的系统工程。组织实施过程中，学院以班级为单位设立"晨读经典"阅读小组，每天选派一名阅读表现突出的同学担任"领读员"开展领读活动，学生的积极性得到激发，参与度广泛提高，通过"晨读经典"沙龙、"晨读经典"自制视频评比等活动，丰富了该阅读项目的形式。在这一阅读项目的推广过程中，本校大学生充分发挥了当代青年的创新性思维，突破了时间和空间的限制，将阅读延伸到学校周边的景点、社区、村镇等，将原本单一形式的校园阅读活动在时间和空间上做了拓展，让阅读不再枯燥。

学生领读员在领读经典

学生通过微信公众号晨读经典

（四）"晨读经典"阅读项目硕果累累

"晨读经典"阅读项目着眼于培养一批以"阅读"为使命的文化传播者和人文素质高、朗诵水平强的学生"朗读者"。2019年6月2日，"晨读经典"学生代表参加了由镇江市全民阅读活动领导小组办公室指导，书香江苏在线、现代快报网主办，中海润江府承办的"领读镇江，我们的时代"诵读大赛，经过几轮激烈角逐，他们从12支队伍中脱颖而出，凭借扎实的文学素养和慷慨激昂、声情并茂的朗诵技巧，最终以一首《青春中国》诗朗诵夺冠。

《青春中国》诗朗诵夺冠

五、主要获奖

"晨读经典"推广项目在2019年度镇江市全民阅读先进典型选树活动中，被评选为镇江市"优秀阅读项目"。

"晨读经典"推广项目被评选为镇江市"优秀阅读项目"

2020年9月，"晨读经典"工作领导小组办公室获评2018—2019年度"三全育人"特别贡献奖。

"三全育人"特别贡献奖

六、工作展望

"晨读经典"工作是镇江高专"文化润校"工程的重要内容，是学生养成阅读习惯的有效途径，也是学校推行"五育并举"的一项重要举措，对构建"三全育人"和"大思政"格局具有重要的意义。

（一）在思想上更加重视

一方面，"晨读经典"工作是学校贯彻落实相关文件精神，经过深入思考、认真研究，为提升素质教育水平、打造文化育人品牌做出的重要决策部署；另一方面，要从学校"人文素养+职业能力=可持续发展素质"办学特色的高度，深化思想认识，重视"晨读经典"工作。

各院（部）要有计划地组织开展包括主题班会、集中宣讲等活动，对所有在校学生进行"晨读经典"工作的宣传，让学生深刻领会其重要意义，变"要我读"为"我要读"，真正使"晨读经典"达到提升素质教育的效果。鼓励学院根据专业需要，创新性地开展与晨读有关的读书活动，采取激励性举措，培塑"晨读经典"先进典型并广为宣传，强化榜样作用，提高"晨读经典"的质量。

（二）在制度上更加重视

"晨读经典"工作的推进重在强化责任担当，各院（部）要主动作为，变"被督导"为"自督导"，学工口要从学生管理的角度做好晨读的日常管理与组织工作，教学口要从课程管理的角度加强晨读的教学检查工作。

由院（部）长牵头，书记协助，院（部）行政人员、院（部）督导、专业负责人、教研室主任、班主任等组成院（部）晨读工作督导组，排出人员分组表，根据每日上课班级数，配备不少于3人的督导组，形成自上而下的督导机制。院（部）晨读工作督导组由专人负责将每周的晨读督导情况形成汇总表报督导处，年终进行排名，纳入院（部）绩效考核。校团委组织学生督导组每日进班级督导，并通过钉钉考勤等线上手段形成考核数据报督导处，并与院（部）的数据进行比对，确保材料真实反映阅读的情况。

将"晨读经典"作为一门课程编入教学计划，纳入创新素质类课程学分管理。从2019级学生起，设置2.0个学分，分4个学期完成，每学期0.5个学分；2018级学生需完成1.5个学分，分别在第2、3、4学期完成；2017级学生需完成0.5个学分，在第4学期完成，成绩记入班团活动课程里。每学期每位学生参加晨读次数达到本学期班级晨读总次数的90%以上方可获得学分，班级晨读总次数由课表自动生成。晨读参与次数每学期清算一次，不累积计算。

（三）在成果上更加重视

在《晨读经典阅读材料》的基础上修订并出版"晨读经典"校本教材，充分彰显"晨读经典"的思政文化育人特色。

各院（部）制订晨读课程管理考核方案，并不断对其进行完善，作为晨读学分的考核依据。校团委牵头，总结一学期"晨读经典"阅读项目的成功经验，发动各学院推荐晨读优秀选手参加"晨读经典"展演，并进行评奖。

阅读不仅仅是为了听到朗朗的读书声，更是为了"润物细无声"地育人；阅读的过程不仅仅需要全神贯注，更需要感受经典文化历久弥新、经久不衰的魅力。学校将以"晨读经典"阅读项目为契机，从文化传承、文化育人的高度，用学校创始人吕凤子先生"爱与美"的教育理念，感染一批批青年学子，教育他们在人生道路上树立"崇爱尚美"的人生追求。

美育教育：陶冶学生的审美情操

一、美育工作发展沿革

为深入贯彻落实习近平总书记关于"做好美育工作，弘扬中华美育精神"的重要指示精神，充分发掘和传承学校创始人吕凤子先生职业教育理念中的美育元素，围绕"崇爱尚美"的校本文化积极探索，以"三全育人"的模式，在以将"三美工程"（思政美育、专业美育、文化美育）落实、落精、落细为目标的大背景下，学校高度重视并于2019年初专门成立了美育工作领导小组，制定《镇江高等专科学校美育工作实施细则》并有序推进，不断完善艺术教育管理体制，探索并打造全校普及的美育课程，在落实素质教育方针、提高人才培养质量等方面都发挥了积极的作用。

吕凤子先生三办正则学校，传播其"爱无涯、美无极"的教育思想，为教育事业鞠躬尽瘁，获得了较高的评价和赞誉。他长期从事艺术教育、美术教育，有着极为先进的艺术教育、审美教育思想。特别是在其美育思想中，体现出广义的社会美学思想，注重人与人之间的关系在"各尽其能"之上的和谐。

吕凤子先生认为，美育应使每个人的可能性、丰富性得以尽情发展，又不因此妨碍、侵害其他个体的可能性与丰富性，即"构成社会的任何个人都能各尽其变、各竭其能"，充分发展每个人的独特品质，升华学养与道德品质，最终成就自己，"就异成异，穷己成异"。在实施美育的过程中，吕凤子先生将德育的内在心性教育与美育紧密地联系在一起，他的美育思想关系到德育，是通过"若虚感"（形象思维的作用）认识"真我"（人类的发展规律），从而获得社会道德理法；通过培养学生对纯粹的艺术的爱好，形成心性上的习惯，从而提升道德的高度，成就高尚的人格。因此，他的美育也是德育，这也成为镇江高专"三全育人"模式下落实"三美工程"的理论基石。美育办公室自成立起便秉承吕凤子先生的教育理念，结合新时代高校美育的新形势、新要求改革创新，积极倡导在充分强调学生全面发展的同时，尊重其个性发展，通过"成人爱己"来养成自身完善的人格，优化自身素质，追求和谐教育的价值观，在工作中不断探索美育新途径。

二、组织架构

美育工作领导小组由学校主要领导任组长，党委副书记及分管教学和学生工作的副校长任副组长，宣传部、教务处、人事处、财务处、校团委、图文信息中心、正则学院主要领导为成员；美育办公室设在艺术设计学院，主要负责学校美育工作的开展与考核评价；各学院成立美育专业教学指导委员会，协同实施美育的专业建设和课程开设。

三、教学方案

（一）平台建设

运用现代化信息技术手段，建设美育专业教学资源库、美育名师工作室、美育研究和咨询机构、美育宣传和推广平台，逐步构建线上线下相结合的美育理论和实践协同创新平台体系。

（二）课程体系建设

修订人才培养方案，融入美育课程教学计划；发布美育课程指南、编写美育教材、组织开展美育课程竞赛；在必修课、选修课及公选课中开设相应的美育课程并设置美育课程学分，持续推进美育教学改革与课程创新。

（三）团学活动建设

充分发挥主课堂的宣传、引导作用，成立大学生艺术合唱团，持续推进高雅艺术进校园，开展原创歌曲、红色歌曲、爱国主义歌曲等主旋律文化的弘扬和传承活动；编选话剧、舞台剧等多种艺术形式，开展艺术展演活动，逐步打造以"美育"为主题的团学活动亮丽名片。

（四）美育实践基地建设

统筹校内外美育资源，积极创建视听欣赏室、文学鉴赏室、美育文化传播展示中心等校内美育实践基地，与镇江市博物馆、图书馆、美术馆、民间文化艺术馆，米芾书法公园，赛珍珠纪念馆等共建校外美育实践基地。

四、名师介绍

丁观加　当代著名书画家，镇江市最具实力和影响力的书画艺术家之一。1960年毕业于南京师范学院（现南京师范大学）美术系，师从傅抱石、陈之佛、吕斯百、亚明、程十发等名师，书法师从林散之、罗尗子、祝嘉等先生；先后在南京艺术学院附中、镇江市博物馆任职，现为祝嘉书学院顾问、镇江文心书画研究院首席顾问、国家一级美术师、中国美术家协会会员、中国书法家协会会员、江苏省书法家协会理事、（日本）中国书法学院教授、镇江市人民对外友好协会

丁观加

理事。其作品《岁月悠悠》《江南诗情》等参加了国内外大型画展，部分作品被中国美术馆、德国曼海姆美术馆等机构收藏；出版的作品有《丁观加书画作品集》《丁观加作品选》《丁观加中国水墨画》等。

袁曾亭　镇江高专艺术设计学院教师，国家一级摄影师，1999年被评为"镇江市学术技术带头人"；现为中国摄影家协会会员、英国皇家摄影学会会员、美国摄影学会会员、江苏省摄影家协会理事、镇江市摄影家协会主席、镇江市文学艺术界联合会委员；从事摄影艺术创作及研究近30年，至今已在省级以上各类摄影展览、比赛和报刊发表作品3000多幅，其中300多幅获奖；摄影作品《街头即景》获中国摄影家协会主办的"第22届全国摄影艺术展览"优秀奖；作

袁曾亭

品《春日里》《梯田神韵》《顶风冒雪》《牧场之晨》入选国际权威摄影组织——美国摄影学会（PSA）主办的2007年国际摄影艺术展览；作品《早市》获江苏省文化厅（现江苏省文化和旅游厅）美术、书法、摄影类政府最高奖——五星工程奖金奖，获镇江市人民政府第一、二、三、四届文学艺术奖；有数篇论文在省级以上学术会议或专辑发表，主编出版《镇江摄影精品集》《摄影文论》。

朱鹏举　镇江高专艺术设计学院教师，副教授；现为中国人民政治协商会议镇江市委员会委员，江苏省美术家协会理事，江苏省徐悲鸿研究会常务理事，江苏省美术家协会美术教育委员会委员，江苏省第六届、第七届文学艺术界联合会代表大会代表，镇江市

朱鹏举

文学艺术界联合会第三届、第四届委员会委员，镇江市美术家协会主席，镇江市油画学会主席；在《美术研究》《美术观察》《艺术教育》等刊物发表论文6篇，出版个人画集《江苏省美术家精品集：朱鹏举油画专集》，多部作品入选国家级、省级美术作品展并获奖。

五、工作开展情况

为贯彻落实习近平总书记关于"做好美育工作，弘扬中华美育精神"的重要指示精神，美育办公室充分发掘和传承学校创始人吕凤子先生职业教育理念中的美育元素，围绕"崇爱尚美"的校本文化积极探索，以"各尽其变、各竭其能"为目标，尊重和促进学生的个性发展，培养学生的自我发展能力，使学生积极参与发展过程，让其德、智、体、美、劳和知、情、意、行有序、协同、全面、主动、充分发展，最终实现"就异成异，穷己成异"。在此过程中，逐步形成"三三三"（三个到位、三个课堂共发展、三个一体化）的美育培养模式。

（一）在政策上做到"三个到位"

"三个到位"是指资金到位、人员编制到位、办公和活动场所到位。学校重视经费投入，不断改善美育工作条件与工作人员配置，确保美育工作发展的基本需要。美育办公室申请了"影视鉴赏室"建设项目，该鉴赏室可供100人同时进行召开专家报告会、开设第二课堂、开展美育鉴赏类课程或研讨交流等。该项目作为美育工作开展的一个核心阵地，已成为校园文化推广的精神地标，可以优化校园环境，提升校园环境的文化价值，使学生置身于浓厚的美育氛围中。未来学校计划进一步打造专业美术展览馆和合唱排练厅，不断丰富美育资源，满足艺术教育教学和校园艺术活动开展的需求。

（二）在教学形式上呈现"三个课堂共发展"

1. 第一课堂融入美育课程教学计划

按照《镇江高等专科学校美育工作实施细则》的要求，面向全体学生开设音乐鉴赏、西方美术鉴赏、吕凤子绘画艺术赏析、中华诗词之美等10余门公共艺术课程，并将其作为公共选修课纳入学分管理，均采用考查的方式对学生的学习情况进行考核，确保课程的教学质量。

重点探索并打造普及型书法美育课程。该课程面向全校大一学生开设，着眼于"以美育人、以文化人"，以普及书法基础知识、提高审美能力、培养书法兴趣、锻炼书写水平、选拔书法特长生为主要目的，并结合吕凤子先生的美学思想文化，融入"工匠精神"的内涵，推动具有学校特色的书法美育教材的编写工作，努力把书法美育课程打造成本校美育的品牌课程。

2. 第二课堂开展活动，营造校园美育氛围

为镇江新时代女子学堂的学生和女教职工开设手机摄影、古琴艺术、茶艺品鉴、油画初探等美育课程，激发和培养师生的审美情趣，由点及面，营造校园美育氛围。

以"文明、乐学、尚美、人文"校园文化建设为目标，镇江高专成立了"镇江高专大学生合唱团"，并在成立仪式上成功举办"我和我的祖国"专场音乐会，邀请来自江苏省歌舞剧院的男高音歌唱家盛万航、沈昕，青年钢琴演奏家王子月，以及镇江高专丹阳师范学院的声乐教师万捷为全校师生带来了精彩的表演。镇江高专大学生合唱团的成立、高雅艺术进校园活动的开展均是学校"崇爱尚美"文化建设的重要内容。"崇爱尚美"文化建设是一项长期的工作，也是加强学校美育工作、推动大学生素质教育的重要举措，对于满足广大师生的精神文化需求、展示本校师生良好的精神风貌具有非常重要的意义。

镇江高专大学生合唱团成立仪式暨高雅音乐进校园活动

在推动大学生合唱团建设的基础上，全校形成了参与艺术、感受艺术、交流艺术、创造艺术的良好氛围。以此为契机，2019年学校成功组织了丰富多彩的校园美育活动。

（1）举办"醉长山·美盛世"大型文艺晚会，通过舞蹈、朗诵和合唱的形式充分展现当代青年"青春向党、拼搏进取"的精神面貌，展示了本校大学生扎实的专业技能，为全校师生送上充满爱国主义情怀的精神盛宴。

"醉长山·美盛世"大型文艺晚会

（2）镇江高专师生共同录制《我爱你，中国》MV，在中华人民共和国成立70周年之际向伟大祖国献礼。

（3）举办"时光跃纸——印象高专"小型画展。学校组织带领学生到老校区现场采风，用镜头记录并回顾学校的过往，感受新老校区的变化，用自己的画笔记录印象中的镇江高专。通过展览作品，同学们回顾了镇江高专的历史，感受到学校深厚的文化底蕴和近年来的巨大变化，激发了他们强烈的爱校之情和自豪之感。

（4）举办"青春心向党，诵读赞盛世"经典诗歌集体诵读大赛，通过"向经典致敬"活动，提升学生的综合素质，丰富校园文化生活，促进校园文化建设，营造和谐校园的文化氛围。

（5）开展"花儿向阳开，追梦新时代"活动。本校学生以"追梦新时代"为主题，以绘画的形式对中营街片区的300平方米围墙进行美化，用视觉传达的形式展现了祖国的繁荣昌盛、新时代的风貌和镇江的历史文化。

学生以墙绘美化社区

（6）以征集手抄报的形式开展"保护野生动物，绘就美好家园"主题宣传活动，用美的形式唤起人们热爱动物、保护野生动物的意识。

（7）组织学生参观"首届镇江美术奖"中国画作品展和"鄂尔多斯·镇江美术作品交流展"，并由美育教研室教师、镇江市美术家协会主席朱鹏举老师分析、讲解展览作品，向学生解析这些作品是如何深入生活、扎根人民的，是怎样以优秀的艺术手法传播当代中国价值观念、体现中华文化精神、反映中国人民的审美追求的。

学生参观"首届镇江美术奖"中国画作品展

（8）开展为期一个月的"新生嘉年华"主题系列活动，其中包括星光荟萃嘉年华、中华文化知识竞赛、"我对这土地爱得深沉"城市分享大赛、"妙手绘华章，纸上添花来"手抄报创意大赛、"凤子印社、尚美茶社"开放体验日等活动，让大一新生更快更好地适应大学校园生活，感受"崇爱尚美"的校园文化氛围。

（9）开展"校地共建，共绘美丽乡村图景"丁岗镇葛村乡村美化墙绘活动，让学生以专业所学深入实践，美化乡村环境，服务社会。

（10）举办镇江高专2019年"校园十佳歌手"总决赛，以学习习近平新时代中国特色社会主义思想、弘扬"崇爱尚美"校园文化、推动镇江高专青年学生综合素质全面发展为主题，通过音乐的力量提高学生的审美素养。

（11）组织镇江高专大学生合唱团赴江苏大剧院观看歌剧《周恩来》南京首演，通过专业范例提升学生的演唱技能，让同学们学会欣赏歌剧，发现歌剧的美，从而爱上歌剧。

校合唱团赴江苏大剧院观看歌剧《周恩来》

通过这些活动的开展，切实提高学生的艺术鉴赏和艺术表演能力，培育学生的人文情怀与艺术修养，并在活动中选拔出大批的艺术人才，以便更好地将学校的美育理念传播给身边的老师和同学。

3. 第三课堂拓展美育资源

为配合书法美育课程的顺利实施，学校在原有研山书艺社、正则印社的基础上，特别建设了书法工作室、丁观加书画工作室、"书法超市"；另外，学校与镇江焦山碑刻博物馆、米芾书法公园两家单位共建"镇江高专校外美育实践基地"，借助镇江焦山碑刻博物馆丰富的馆藏和米芾书法公园的旅游文化资源，增强美育合力，构建协同育人机制，实现校内外美育资源设施的共建共享。一方面为学生开展校外美育实践提供长期、稳定、安全、优质的文化艺术场地，另一方面利用学校的教科研能力进一步丰富美育实践基地的文化内涵，互利共赢，共同发展。未来学校还将与镇江市美术馆、镇江市美术家协会、镇江市摄影家协会、镇江市舞蹈家协会等单位合作，逐步建立更多的美育实践基地，为学生创造更多参与艺术活动的机会。

（三）在效果上达到"三个一体化"

"三个一体化"是指艺术教育建设与课程改革一体化、硬件建设与软件提升一体化、艺术实践与人文素质培养一体化。

1. 强化教学管理，进一步提升学生的人文素养

进一步优化课程设置，进行系统化建设，把音乐类、美术类、文学类欣赏课程开设成有深入延续性质的美育选修课，普及审美基础知识，重视艺术教育实践，从而达到提升学生审美能力的目的，逐步提高广大学生的人文素养。

2. 加强师资建设，打造高水平教师队伍

加强师资团队建设，有计划地聘请一些具有较高艺术造诣和实训能力的校外艺术专业教师参与教学，适当选派教师到国内外一些知名的学校进修学习，从而进一步提高教师的教学和研究水平，适应长远发展的需求。

3. 美育校际联盟建设

积极开展美育工作的校际交流和宣传推广工作，与合作紧密的院校共建美育校际联盟，共同提升美育工作水平，完善美育工作育人机制。

4. 加大经费投入，改善设施设备

积极推进美术展馆、艺术演艺中心、合唱团训练中心等项目建设，将中国正则绣博物馆和校史馆建设为美育核心景观区，有针对性地设计和建设校内美育景观小品，实现对教室、图书馆、宿舍、运动场、食堂等学生主要活动场所的全覆盖，力争为广大学生提供能更好地接受艺术文化教育的环境，以满足学校美育事业蓬勃发展的需要。

劳动教育："崇爱尚美"育人实践

镇江高专丹阳师范学院（前身为丹阳正则女校）创始人吕凤子先生，在其一生为之奋斗的教书、办学过程中形成了自己独到的教育主张，即"爱无涯、美无极"的教育思想理论。吕凤子先生一生致力于"爱育兼美育"的实施，培养了大批对社会有用的人才。办学过程中，吕凤子先生十分强调劳动教育，主张采用"动觉法"培养学生，通过劳动带来的各种成果而在给予自己肯定的同时形成"爱己即爱异"的启发，即实现"欲的自由而及爱的启发"。"动觉法"作为吕凤子先生多年教育实践中的重要方法论之一，自始至终贯穿于丹阳正则女校的办学历程之中，他的这一教育思想对于现今的教育，尤其是职业教育的发展有着重要的指导意义。

作为吕凤子先生"爱与美"教育思想的传承者和实践者，"高专人"始终没有忘记吕凤子先生教育思想的终极目标——"谋人类之幸福"。多年来，镇江高专积极贯彻落实"立德树人"的教育根本任务，传承"爱育兼美育"的教育思想，在吕凤子先生"动觉法"的基础上，结合多年的实践与探索成果，着力开展高专学生的劳动教育，从第一课堂、第二课堂、第三课堂等多个方面开展了"以劳树德""以劳增智""以劳强体""以劳育美""以劳创新""以劳辅教"等大学生劳动教育实践工作，取得了丰硕的成果，提升了学生的综合素质，为社会培养了一批批符合经济社会发展需要的高素质应用型人才，获得社会及用人单位的一致好评。

一、劳动育人历史沿革

镇江高专劳动育人工作具有悠久的历史，向前可以追溯到镇江高专丹阳师范学院创始人吕凤子先生"三办正则"时期，向后可延续至镇江高专新时代"立德树人"劳动教育工程阶段。

（一）"三办正则"时期的劳动育人实践历程

1912 年，吕凤子先生以"旧屋三间"创设"丹阳正则女校"，设校之初，正则女校先立女小，后设绣工科、缝纫班等以劳动技能培养为主的专业，随后学校更名为"正则女子职业学校"，成立刺绣科、蚕桑科等，着力培养能够胜任农村副业的人才。

1937年，"七七事变"爆发，正则女子职业学校所在地丹阳沦陷，学校被毁，正则女子职业学校整体迁至重庆璧山县；1938年，吕凤子先生在璧山县续办私立江苏省正则职业学校蜀校（正则蜀校）。异地办学的正则学校规模不断扩大，于1942年经当时民国政府教育部批准成立"私立正则艺术专科学校"，简称"正则艺专"。正则艺专先后以劳动技能培养为目的设立了绘绣专科，绘画劳作师范专修科，劳作师资训练班，美术、工艺、家事训练班，初级农科、初级蚕桑、建筑等职业教育科目，对当时社会急需的人才培养做出了极大贡献。

抗日战争结束后，1946年，正则蜀校连同校产均无偿捐赠给璧山县政府，正则女校复迁回家乡江苏丹阳，复校于废墟之上，吕凤子先生为第三次建校而辛勤劳作，复校后学校规模继续扩大，涵盖幼儿园、小学、初中、职中、艺术专科等多个层次，为当时社会的建设和发展培养了一大批具有较高人文修养和职业技能的人才，在江南一带享有盛名。

1949年，吕凤子先生将正则女校无偿捐给地方政府，学校公办后更名为"江苏省丹阳师范学校"，2003年整体并入镇江高等专科学校，并持续发挥吕凤子先生"爱育兼美育"教育思想在高专学生劳动教育中的重要作用。

（二）"镇江高专"时期的劳动育人实践历程

2003年，步入全新历史阶段的镇江高专人秉承吕凤子先生"爱育兼美育"的教育思想，始终将劳动育人作为高专人才培养目标的重要内涵之一。多年来，学校注重对学生劳动意识、劳动精神、劳动技能和劳动态度的培养，在第一课堂狠抓学生劳动素养的提升，贯彻"工学结合"的育人理念；在第二课堂注重学生的劳动体验和实践，组织以"志愿者劳动服务"为主的课外活动；在第三课堂紧扣国家建设和发展的战略需求，开展了形式多样的暑期"三下乡"科教文卫社会实践活动。

2018年1月，习近平总书记在全国教育大会上指出，"要在学生中弘扬劳动精神，教育引导学生崇尚劳动、尊重劳动，懂得劳动最光荣、劳动最崇高、劳动最伟大、劳动最美丽的道理，长大后能够辛勤劳动、诚实劳动、创造性劳动。"镇江高专积极响应，迅速贯彻落实习近平总书记关于劳育的思想，于2019年在全校范围内推动镇江高专大学生劳动教育项目，并成立学校劳动教育工作领导小组。

自2019年正式实施大学生劳动教育以来，该项目进一步强化了学校劳动教育建设发展的任务目标，全面培养了大学生的劳动观念、劳动态度、劳动习惯、劳动品质、劳动情感、劳动知识、劳动技能、劳动思维，积极打造"崇尚劳动、热爱劳动"的新时代高专人。学校结合吕凤子先生"爱育兼美育"的教育思想，以及"崇爱尚美"的校园文化理念，修订人才培养方案、打造学生劳动社团、建设校内外劳动教育实践基地，依托吕凤子先生的"动觉法"，形成了具有镇江高专文化特色的劳动教育新局面。

二、镇江高专劳动育人理念的传承与发展

（一）传承吕凤子先生"爱育兼美育"的教育思想，提升学生的专业技能和劳动意识

吕凤子先生倡导"爱育兼美育"的教育思想，强调了劳动教育的重要性，他主张在教育实践过程中用"动觉法"，即"动觉是由欲的自由而及爱的启发"培养学生的劳动精神。这一教育方法旨在以劳动过程为载体，令学生通过劳动实践得到收获，并对自身形成认同感，进而得到"爱己即爱异"的启发。在开展大学生劳动教育实践的过程中，学校充分挖掘并利用吕凤子先生的教育思想，使之贯彻于大学生劳动教育实践过程之中，借助人才培养方案的修订、劳动教育实践的开展，重点关注学生德育与劳动实践相结合的效果，培养学生的动手能力、专业上的一技之长，从而使得学校培养的专业技能人才在走出校园之后能够积极地服务于社会。

（二）传承吕凤子先生"爱与美"的教育思想，培育大学生劳动精神

吕凤子先生在其50余年的育人生涯中，坚持用实践来检验"爱与美"的教育思想，他认为教育过程中的育人环节不可缺少"爱"与"美"的观念，只有将"爱无涯、美无极"的理念贯穿育人全过程，才会达成教育的"善"和"真"。镇江高专在开展大学生劳动教育实践过程中，将劳动所蕴含的"美"与"爱"作为大学劳动精神、劳动意识和劳动态度教育的主要内涵，使其成为大学生综合素质提升的一个重要方面。一是开展劳动先进人物的宣讲，邀请劳动模范、典型人物走进校园，依托学校"正则讲坛"开展劳模精神的讲座，令广大学生与劳动先进人物近距离接触，面对面感受"劳动之美"和"劳动之爱"；二是开展以"爱与美"为主题的劳动实践活动，充分利用校内外实践基地，组织大学生开展劳动志愿者服务活动，促使学生在社会志愿服务过程中获得精神上的满足，在身体力行的劳动过程中体会"爱与美"，使学生充分接受劳动道德培育、完美人格养成、自我求真的劳动实践教育。

（三）继承吕凤子先生"全面发展"的人才观，开展全面劳动育人工程

吕凤子先生一生投入"爱与美"的教育，全面践行其"生无已，爱无

穷也。异无已，美无极也。成无已，仁无尽也"的教育抱负和理想，推动学校和受教育者的人生走向"和谐的状态"，以实现人的全面发展。镇江高专在开展劳动教育的过程中，敏锐地把握了学校创始人和谐教育思想中"人类自身和谐发展"的理论关键，探索全面发展的"完人"培养思维。学校先后在第一课堂、第二课堂的教学和实践中要求学生通过劳动理论学习和实践培育道德、追求完美、求得真我，践行吕凤子先生的"人生制作即艺术制作""艺术制作止于美，人生制作止于善"的理念，实现尽善尽美的人生追求目标，通过"成人爱己"来完善自身人格，全面提升个人素质。一是修订并完善学校的人才培养方案。为了达到劳动育人的目的，学校从2019级学生人才培养方案制订入手，在课程设置中增加了劳动技术课程和劳动素质拓展课程，同时设立"劳动周"，使学生在课堂上便能够接受劳动素养教育。二是积极打造第二课堂中的劳动实践环节。学校专门成立大学生青年劳动社团，以社团为依托开展校内外劳动实践活动，活动涉及劳动精神的宣讲、劳动技能的培训及劳动实践的体验。

三、组织架构

（一）领导小组

为深入贯彻落实习近平总书记在全国教育大会上的指示精神，坚持"以劳树德""以劳增智""以劳强体""以劳育美""以劳创新""以劳辅教"，促进学生实现"德智体美劳"全面发展，学校专门成立了劳动教育工作领导小组，校党委书记林枫、校长丁钢担任组长，副校长李大洪、李冬梅任副组长，校党政办、宣传部、教务处、发展研究室、学生处、就业办、校团委、财务处、后勤保卫处等部门主要负责人任小组成员。劳动教育工作领导小组下设办公室，挂靠校团委，全面负责学校劳动教育的开展和实施。

（二）工作机制

采取"分管领导+分管部门"模式的劳动教育工作机制，科学统筹学校各个职能部门，有效凝聚学校各方力量，为镇江高专大学生劳动教育奠定了扎实的管理和运行基础。各成员单位职责如下：

（1）校团委、学务中心负责"以劳树德"教育板块，依托大学生劳动社团、志愿者等组织，开展以"劳动"为主题的社会实践活动，进行劳动精神和文化宣讲活动等。

（2）教务处、体育部及各学院负责"以劳增智""以劳强体"教育板块，具体负责教学计划中劳动教育内容的增添和修订、劳动周的设置及实施、体育助教项目的推进和实施。

（3）宣传部、校团委负责"以劳育美"教育板块，具体负责劳模精神的宣讲、劳模工作室的打造、劳动典型案例的选树和宣传工作。

（4）大学生创新创业中心负责"以劳创新"教育板块，开展并实施大学生创新创业苗圃孵化工作，打造多个"以劳创新"大学生创业项目。

（5）发展研究室、校团委负责"以劳辅教"教育板块，建设镇江高专劳动教育研究所，开展劳动教育教材和理论的研究。

四、劳动教育实施方案

（一）以劳树德

（1）成立镇江高专青年劳动社，以培养青年学生"崇尚劳动、尊重劳动、热爱劳动"的精神为社团宗旨，促使广大学生自觉养成"自己的事情自己做"的劳动意识；以社团活动的形式开展技能实践、义务劳动、价值引领等主题活动。

（2）开展年度大学生暑期"三下乡"社会实践劳动教育专项活动，以劳动调研和劳动体验为主要内容，在院校两级组建大学生暑期"三下乡"劳动教育社会实践小分队，组织、培训志愿者前往校地对接村镇（乡），开展农村调研、劳动体验、驻点帮扶、村镇（乡）挂职等活动。

（3）举办镇江高专宿舍文化节，以"自己的事情自己做"为主题，开展以"劳动习惯""劳动意识""劳动观念""劳动技能"等为主要内容的宣传教育、劳动技能竞赛等活动；结合大学生"劳动意识""劳动习惯"的养成教育，开展星级宿舍评比、最美宿舍展示、社区劳动安全教育等活动，全面促使学生在社区生活中发现美、创造美，培育学生对校园生活的热爱之情。

（4）开展镇江高专大学生征文比赛活动，以"勤工助学、爱岗履职、热爱劳动、真情服务"为主题撰写原创文字作品，以此宣传勤工助学优秀学生的真实事迹，充分培养本校大学生在勤工助学工作中发扬爱岗履职、勤奋刻苦、敢于担当、脚踏实地、追求卓越等优秀品质，弘扬大学生热爱劳动、积极向上的劳动精神。

（二）以劳增智、以劳强体

（1）修订2019级新生教学计划，设置"劳动周"。根据学校人才培养方案修订（制订）劳动教育要求，在各级新生教学计划中设立"劳动周"，将劳动教育纳入镇江高专课程设置和教学计划，开设劳动技术课程、劳动素质拓展课程等。

（2）深入推进镇江高专体育助教项目。以提升本校大学生体育课堂教学参与度为目的，制定体育助教管理细则，聘任体育优秀学生担任体育课助教，推动学生主动参与体育课堂教学、体育活动组织与实施的过程，充分发挥大学生在体育教学过程中的主体性，同时增强大学生的劳动意识，提高其劳动技能。

（三）以劳育美

（1）举办"劳模进校园"专题讲座。以"正则讲坛"为平台，邀请校内外各个行业的劳动模范、典型人物走进校园，开展劳模事迹宣讲活动，培养大学生崇尚劳动、尊重劳动、热爱劳动的意识，全面提升青年学生的劳动观念、劳动态度、劳动习惯、劳动品质、劳动情感、劳动知识、劳动技能、劳动思维。

（2）成立镇江高专劳模工作室。以劳动技能的提升、劳动意识的养成、工匠精神的培养为目的，在各学院挂牌设立劳模工作室，遴选市级以上劳模担任工作室主持人，在青年教师和学生中招募劳模工作室主要成员。劳模工作室需发挥劳模的示范引领作用，对接"卓越工匠"培养任务和目标，开展相关的专业技能训练、业务交流、竞赛指导、创新活动等工作。

（3）开展年度"大学生劳动先锋"评比表彰活动。以"崇尚劳动精神，实现价值引领"为目标，以案例征集评比的形式选出 30 名镇江高专"大学生劳动先锋提名人"，最终以网络宣传及投票的方式评出 20 名镇江高专"大学生劳动先锋"，以此促进广大青年学生充分认识到劳动教育的重要意义。

（四）以劳创新

推进镇江高专大学生创新创业苗圃孵化项目。以劳动创新教育，引导大学生参与创新创业活动，提倡"做中学"和"学中做"，形成正确的劳动创业意识。在镇江高专大学生创新创业苗圃中重点引进和培育三个创新创业项目：一是"互联网+文印"项目；二是"互联网+3D定制"项目；三是"互联网+文创产品"开发项目。

（五）以劳辅教

建立校内外劳动实践基地，根据劳动课程理论教学的实际需要，科学设计类型多样的劳动实践项目，制订切实可行的劳动计划，组织学生通过劳动实践增强劳动技能、提升劳动素养，充分发挥劳动辅助教育的功能。

五、师资队伍

在开展大学生劳动教育的过程中，学校注重劳动教育师资队伍的建设，邀请各行各业的劳动模范和典型人物走进校园、进入课堂，以多种形式开展以"爱与美"为主题的大学生劳动教育活动。

沈春雷 "全国五一劳动奖章"和"江苏省五一劳动奖章"获得者，江苏广兴集团有限公司首席技师、总工程师；享受国务院政府特殊津贴专家、全国建设行业技术能手、江苏省有突出贡献中青年专家、江苏省企业首席技师；曾获全国首届建筑业职业技能大赛二等奖，镇江市首届建筑业职业技能大赛第一名；工作以来共获得国家级荣誉8项、省级荣誉14项、市级荣誉19项，同时担任江苏建筑职业教育集团副秘书长，是国家、江苏省、镇江市三级建筑业协会的专家库成员。沈春雷总工程师与镇江高专马克思主义学院教师团队联合组成"专任教师+"的教学模式，以思政课的形式为本校大学生开展"以劳树德"的劳动精神和劳动理念教育。

沈春雷

夏季云 南京市第一中学教师，中学高级教师，江苏省特级教师，江苏省高中物理名师工作室主持人；先后获得"全国五一劳动奖章"，以及"全国模范教师""全国优秀班主任""江苏省教学名师""江苏省人民教育家培养对象"等荣誉称号，他带领的团队曾荣获"江苏省工人先锋号"称号，并在2018年荣获全国基础教育成果二等奖。

夏季云

吴林斌 扬州大学马克思主义学院副教授，扬州市委讲师团兼职教授，扬州市关工委委员，国际儒商学会扬州分会常务理事，扬州市全民阅读促进会专家指导组组长，扬州市总工会义工教授志愿服务队、扬州市关工委报告团、扬州市妇联亲子大讲堂成员；出版论著多部、发表专业论文20余篇，多次接受国家、省、市级媒体的采访；获得"扬州市五一劳动奖章"、"江苏省五一劳动奖章"，以及扬州市爱岗敬业标兵、扬州市优秀志愿者、江苏省推进全民阅读先进个人、江苏省十佳文明职工、江苏电视台"最赞老师"等多项荣誉称号。

吴林斌

六、主要成绩

（一）镇江高专青年劳动社组织志愿者参加2019年"推普脱贫攻坚"全国大学生暑期专项社会实践活动喜获佳绩

2019年，镇江高专大学生青年劳动社积极响应共青团中央青年发展部、教育部语言文字应用管理司面向全国大中专院校开展的"推普脱贫攻坚"全国大学生暑期专项社会实践活动，成立了以青年劳动社骨干为主的"归燕"和"筑梦天路，为爱而行"两个国家级"推普脱贫攻坚"劳动实践小分队。2019年11月，教育部语言文字应用管理司与共青团中央青年发展部专门发来感谢信，对这两支实践团队进行了表扬，其中"筑梦天路，为爱而行"劳动实践小分队荣获2019年"推普脱贫攻坚"全国大学生暑期专项社会实践活动优秀团队称号。在"推普脱贫攻坚"项目的实践过程中，镇江高专大学生身体力行，积极走进社会了解国情、增长才干、磨炼意志，不但增强了自身的劳动意识，而且在劳动过程中掌握了劳动技能，提升了劳动水平。这次活动也是学校进一步加强和改进学生思想政治教育工作的重要契机，是当代大学生建设新时代、感悟新思想的重要方式。镇江高等专科学校将劳动教育与学校专业建设、学生全面发展工程有机结合，使广大学生将课堂所学专业知识和劳动技能以社会实践活动的形式进行内化，开拓了他们的视野，提升了他们的专业劳动技能水平，探索出一条理论与实践相结合的道路。

志愿者开展"推普脱贫攻坚"活动

（二）镇江高专青年劳动社"大禹志愿者"服务团队硕果累累

镇江高专青年劳动社"大禹志愿者"服务团队荣获镇江市第四届"慈

善志愿服务"奖，三位同学曾荣获"优秀慈善志愿者"称号。"大禹志愿者"服务团队是学校团委下属青年劳动社团下的一个学生志愿者组织，也是本校大学生志愿服务活动的品牌项目，多年来该组织打造了一支高素质的骨干团队，以大学生劳动精神、劳动意识、劳动态度、劳动技能等的打造和提升为宗旨，依托学生志愿活动开展劳动教育，先后拥有"青春呵护蒲公英""青春健康""青春防艾，与爱同行"等志愿服务精品项目，并在校内外开展了公益、环保、助残、宣传等多项志愿劳动活动，形成了较好的社会影响力。

"大禹志愿者"服务团队获得的荣誉